Arobed Assiah

Tashi
Reise ins Schattenland

novum pro

www.novumverlag.com

Bibliografische Information
der Deutschen Nationalbibliothek:

Die Deutsche Nationalbibliothek
verzeichnet diese Publikation in
der Deutschen Nationalbibliografie.
Detaillierte bibliografische Daten
sind im Internet über
http://www.d-nb.de abrufbar.

Alle Rechte der Verbreitung,
auch durch Film, Funk und Fernsehen,
fotomechanische Wiedergabe,
Tonträger, elektronische Datenträger
und auszugsweisen Nachdruck,
sind vorbehalten.

© 2020 novum Verlag

ISBN 978-3-99064-940-4
Lektorat: Marie Schulz-Jungkenn
Umschlagfotos: Drizzd, Mariaam |
Dreamstime.com
Umschlaggestaltung, Layout & Satz:
novum Verlag

Gedruckt in der Europäischen Union
auf umweltfreundlichem, chlor- und
säurefrei gebleichtem Papier.

www.novumverlag.com

„Aaach nein! Nein, nein! Muss das wirklich sein? Regenbogen! Ich will *nicht* zum blauen Planeten geschickt werden! Du liebe Güte, wie frustend ist denn das!"

Der Junge, der gerade aufgefordert wird, eine weitere Reise zurück auf die Erde zu unternehmen, ist gar nicht zufrieden mit diesen Aussichten. Er schmollt und wendet sich vom Regenbogen ab, der ihm diese Neuigkeiten gerade eben unterbreitet hat.

Etwas lauter meint der Junge:

„Muss ich tatsächlich durch das halbe Universum reisen, um dort noch mal ein ganzes Leben im Schattenland zu verbringen?"

Er schnalzt mit der Zunge, er ist wirklich ziemlich beunruhigt.

„Guck mal!", wobei er mit dem Finger auf die Erde zeigt. Man kann wie durch ein Fernglas auf den winzigen Planeten gucken, so etwa wie durch ein Wurmloch. Nicht alle wollen oder können das, aber der Junge kennt sich da aus. Und gerade deswegen ist er so muffelig, weil er das alles schon kennt.

„Schau doch, wie die Menschen im Land des Vergessens herumrennen und sich nicht mehr erinnern, woher sie kommen oder weshalb sie überhaupt auf Erden sind. Ihr Kraftstrom zu den Anderswelten ist unterbrochen. Ihr Geist ziemlich spartanisch auf Sparflamme eingestellt. Ich will nicht mehr in diese lieblose Hölle reisen! Nein!"

Er wendet sich ab und stampft mit dem Fuß. Seine ganze Rebellion kommt mit dieser Geste zum Ausdruck.

Der Junge hat Angst, diese Reise wieder zu unternehmen. Wenn er könnte, würde er sich total weigern, überhaupt irgendwelche Vorbereitungen zu treffen, da hinzugehen. Hat er diese Entscheidung wirklich selber getroffen oder wurde sie für ihn getroffen? War er sich zu wenig klar, was er auf seiner nächsten Reise überhaupt lernen will? Aber zur Erde reisen? Ausgerechnet Planet Erde! Wo man doch weiß, was für turbulente, umwälzende Zeiten diesem Planeten bevorstehen. Phewww ... Lieber würde er in der Gemeinschaft mit seinen Sternengeschwistern bleiben und dort lernen, was sich seine Seele als Nächstes vorgenommen hat. Hach, eigentlich egal, er weiß, er kann nicht kneifen, er muss da durch. Wenn er sich trauen würde, würde er Luft ablassen wie eine Dampflokomotive!

„Haben die dunklen, gefallenen Hierarchien immer noch Regentschaft über den blauen Planeten? Es könnte doch ein so schönes Paradies sein auf Erden. Aber die Menschen haben es noch immer nicht kapiert, oder, Regenbogen???"

Der Junge dreht sich um und schaut den Regenbogen an, der geduldig auf die Bereitschaft des Jungen wartet. Aber der Regenbogen antwortet nicht, weder auf die Frage des Jungen noch auf seine traurige, aufmüpfige Laune.

Der Junge seufzt laut, Aufgabe ist Aufgabe und muss ausgeführt werden. Nur in der Isolation der Polarität werden seine Charakteristiken, seine Stärken und auch seine Schwächen den letzten Schliff bekommen.

Natürlich weiß das der Regenbogen, legt die Arme um den Jungen und erklärt ihm:

„Junge, Junge, du kennst es doch schon. Du warst unglaublich viele Male auf der Erde. Eigentlich liebt dich die Erde, sie nimmt dich liebend in ihrem Schoß auf. Sie weiß, dass du ein Transmitter für das Licht bist. Du hilfst der Weltenseele im gegenwärtigen Wandlungsprozess. Aber auf dieser Reise probiere doch alle meine Farbstrahlen aus, sie stehen dir allesamt zur Verfügung. Du musst dich nicht immer im gleichen Departement meiner Farbauswahl aufhalten. Wenn du mehrere meiner Dimensionen ausprobierst, würde das dein Abenteuer im Menschenkleid gleichzeitig aufheitern und viel abwechslungsreicher gestalten. Vor allem würde es dir helfen, dich besser auszugleichen. Du hast den freien Willen, alles auszuprobieren, was dir Spaß macht. Du sollst dich mit so vielen unterschiedlichen Welten wie möglich vernetzen! Das wünsche ich mir für dich. Es muss sich ja nicht wie letztes Mal wie in der Hölle anfühlen. Wenn du zu oft die gleiche Farbe durchforschst, könnte dich das eventuell einseitig entwickeln, und ein Übermaß an Genieenergie bringt dich aus dem Gleichgewicht. Vergiss nicht, jeweils die Komplementärfarbe zu beachten, denn sie schafft die jeweils notwendige Harmonie!"

Der Junge schaut den Regenbogen an, etwas gelangweilt, weil er ja eigentlich den Werdegang kennt. Das mit der Genieenergie interessiert ihn aber doch.

„Wie meinst du das genau, Genieenergie?"

„Ja ich weiß, hört sich lustig an, gell. Aber wenn du zu oft immer im gleichen Farbdepartement, in derselben Farbe inkarnierst und sie sich in deinem Energiesystem verdichtet, passen sich deine Zellen an einen gewissen Rhythmus und gewissen Frequenzen in deiner Molekularstruktur an. Du erschaffst dir ein Netz von immer ähnlichen Informationen, die dich begleiten.

Fast wie ein Hamsterrad, aus dem es immer schwieriger wird, auszubrechen. Das gilt natürlich für die lichten wie für die Schattenseiten deiner Erfahrungen. Selbst deine Hormone reagieren darauf, eine chemische Reaktion auf den Überschuss derselben Farbe."

Der Junge denkt über das nach.

„Sind chemische Zusammensetzungen auch Energie?"

„Alles, Junge, sind Schwingungen, Wellenbewegung, Wirbel, Frequenzen, Energie und ... Nichts! Die endlose Suppe von Potenzial, aus der alles entstanden ist und sich immer neu ausdehnt. Und sich auch wieder verschluckt!

Göttliche Lichtintelligenz – also Geist – bleibt!

Materie verwandelt sich, sie verändert sich kontinuierlich, wird manipuliert, verdreht, verformt und verfälscht. Materie kommt und geht! Geist bleibt!"

Der Regenbogen neigt sich dem verwirrt dreinblickenden Jungen entgegen und lächelt ihn an.

„Jede Farbe enthält sogar ihre eigenen Mineralien, Intelligenz, Schwingungen und Informationen. Man kann die Kälte oder Wärme einer Farbe fühlen! Die Farben funktionieren wie ein Spiegel der Seele. Farben verbinden dich mit den Informationen deines Überbewusstseins und deines Unterbewusstseins. Die drei Ur-Farben, die in jedem Chromosom gespeichert sind, und deren Mischung, also wenn du Gelb mit Rot mischst zum Beispiel, bestimmen die Eigenschaften einer jeweiligen Seele.

Als Ur-Farben gelten, aber das weißt du sicher noch, Gelb – Rot – Blau. Falls du dies vergessen hast, wirst du dich schnell wieder daran erinnern. Denn diese Grundelemente sind die Kräfte, die in der Schöpfung existieren. Sie sind das Proton, Elektron und das Neutron. Womit mein Regenbogenwissen in jeder Zelle verankert ist. Auch die Natur ist diesen Frequenzen und Grundgesetzen unterworfen!"

Der Regenbogen würde dem Jungen gleich die ganze Physik erklären, der aber schaut mit großen Augen tief in das Regenbogenwissen hinein und ist kurz überfordert.

„Mein Junge, jetzt habe ich dich aber etwas verwirrt. Du wirst deine Reise etwas anders gestalten dieses eine Mal. Du wirst schon sehen! Auch wenn dir das momentan ganz und gar nicht gefällt oder dir alles zu viel erscheint. Wie bereits erwähnt, jede Farbe hat auch ihren Gegenpol, und den gilt es zu finden, um ein Gleichgewicht zu schaffen! Nicht vergessen, es gilt, immer schön zu versuchen, die Polarität in Balance zu halten!"

Wieder lächelt der Regenbogen den traurigen, muffeligen Jungen an.

Der betrachtet Nachdenklich den Regenbogen, der sich alle Mühe gibt und sehr freundlich mit ihm gesprochen hat.

Trotz seines Widerstands wird er wieder aufgefordert, eine weitere Reise in diese so weit entfernte Ecke des Universums zu unternehmen.

Und ob er die Farben so leicht von einem Erfahrungsdepartement ins andere wechseln kann, darüber ist er sich auch noch nicht so sicher.

Laut meint er:

„Wenn also die Grundfarben bereits gegeben sind, dann werde ich mich mit meinen Mischfarben, welche meinen Charakter ausmachen, auseinandersetzen müssen. Aber erst werde ich herausfinden müssen, welche das sind!"

Der Regenbogen versucht, den Jungen aufzumuntern.

„Das ist wirklich keine Herausforderung für dich! Wenn du dich im Menschenkleid befindest, wirst du das schnell herausfinden! Ich versichere dir das und werde dir dabei helfen.

Und zudem verrate ich dir was, mein lieber Junge. Viele, viele Qualitäten, Eigenschaften und Potenziale warten auf dich, um von dir ausgedrückt zu werden. Deshalb wird es gar nicht so schwer sein, von einer Farbe zur anderen zu reisen. So wie du jetzt auf meiner Regenbogenbrücke von einer Erfahrung zur anderen gleitest und vorbereitet wirst, so, also in diesem Sinne, kannst du deine Reise auf Erden weiterführen. Genau genommen, müsstest du nur das jeweilige Farbspektrum in deinem Bewusstsein aktivieren und schon entsteht Resonanz. Ich würde sagen, erweitere dein Spektrum, dabei musst du nichts wechseln.

Du kannst viele deiner Seelenfragmente innerhalb eines einzigen Lebens zur Vervollständigung aufblühen lassen. Du wirst die Freude der Farben und ihre Qualitäten erforschen und auch sie werden deine besten Freunde werden! Du wirst sogar in Farben denken wollen! Das wird ganz lustig werden, ich freu mich jetzt schon auf diesen Moment, wenn du mich ganz neu wiederentdeckst in deinem Menschenkleid. Dann feiern wir! Ich verspreche es dir. Lass es einfach auf dich zukommen.

Was bereits in dir als Software für dein Menschenleben programmiert ist, kannst du gar nicht suchen! Es wird dich finden, als Resonanz deiner Bereitschaft sozusagen. Fragt sich nur, ob du dann diese Herausforderung, den Ruf deiner Seele, auch hören und annehmen willst!

Auch wirst du Seelengeschwister kennenlernen, die jeweils ein Stück deines Weges mit dir gehen. Gleichgesinnte, die in deinen jeweiligen Entwicklungsprozess und das entsprechende Farbdepartement passen!"

Der Regenbogen betrachtet den Jungen nachdenklich. Wird sein Schützling seine geistige Kraft verwirklichen, verwirklichen wollen, wenn er dermal einst sein Menschenkleid annimmt? Wird er den großartigen Ausdruck seiner Lebenskraft, sein großes Wissen und seine innewohnende Schönheit entfalten? Wird er die Partnerschaft mit seinen lichten Welten aufrechterhalten wollen oder sie verleugnen wie die meisten Menschen? Er glaubt an den Jungen, der eine Meisterseele ist. Er glaubt an die Weisheit und den starken Willen des Jungen. Sein Schützling wird wohl oftmals motzen, weil er sich möglicherweise überfordert fühlt. Dennoch weiß der Regenbogen, dass der Junge mächtig und mit allen Mitteln, die zur Verfügung stehen, für seine Reise in die Schattenwelt vorbereitet wird. Er ist eine sanfte Seele, aber mit außerordentlich starkem Willen ausgerüstet. Nun lächelt der Regenbogen und spricht laut weiter:

„Auch wenn nicht alle deine Erdenbegleiter aussehen wie Menschen, gehören sie dennoch zu deiner Seelengruppe. Ich erlaube mir zu sagen, dass nicht alles, was wie ein Mensch aussieht, auch ein Mensch ist!"

Ein langes ausgedehntes „Aha mmm ..." war alles, was der Junge dazu zu sagen hat.

Er schaut wieder in die verschiedenfarbigen Regenbogenlichter, die jetzt ganz stark leuchten.

„Und noch was!"

Der Regenbogen wartet auf die Reaktion des Jungen, aber viel kommt da nicht. Unentschlossen sitzt der Junge da, den Kopf in die Hände gestützt, und schaut in die weite Ferne. Er ist umgeben von vielen anderen, die es kaum erwarten können, wieder auf die lange Reise losgeschickt zu werden. Sie lieben es, Erfahrungen zu machen. Der Junge hingegen liebt seine Familie und Freunde, die er leider hierlassen muss. Es macht ihm nicht wirklich Spaß, sich aus dieser Geborgenheit und Gemeinschaft von Gleichgesinnten lösen zu müssen. Er weiß es jetzt schon, da er sich an viele andere Reisen erinnern kann, die nicht so einfach waren für ihn.

Sie waren wohl etwas schwierig, weil sich der Junge immer an seine lichte Herkunft erinnern konnte. Das Licht, das sind helle, große, zeitlose Dimensionen, in denen man einfach sich selbst sein darf.

Man ist mit der Quelle allen Seins EINS ...
Man ist mit der höchsten Schöpferkraft verbunden ...
Man ist mit Gleichgesinnten zusammen und alles ist klar ...
Man ist nicht dem dauernden Kampf der Sinnfindung und den Polaritäten ausgeliefert. Für das Licht, das er den schlafenden und suchenden Menschen bringen wollte, musste er so oft sterben oder wurde mundtot gemacht. Diese Erinnerung hängt noch tief in seiner Psyche.

Nun muss er wieder in das Schattenland, um eine weitere Erfahrung zu machen. Das gurkt ihn an und gefällt ihm gar nicht besonders.

Der Regenbogen kann seine traurigen Gedanken lesen und sanft umhüllt er den Jungen mit seinen herrlich fluoreszierenden Farben.

Leise flüstert er dem Jungen zu:

„Ich sage dir ein Geheimnis, das du aber für eine Weile vergessen wirst, während du im Schattenland verweilst. Keine Angst, gerade zur rechten Zeit in deinem Erdenleben wirst du dich wieder daran erinnern, was ich dir jetzt sage. Gerade dann, wenn du alle Freude verloren hast, du das Gefühl hast, du möchtest ‚sterben'. Wenn dir alles verleidet ist und dich nichts mehr wirklich erfreuen kann. Gerade dann komme ich zu dir und erinnere dich wieder an das Geheimnis. Was meinst du?"

„Und was ist das Geheimnis?"

Zum ersten Mal seit langer Zeit kommt etwas Spannung in den Jungen und er schaut den Regenbogen aufmerksam an.

„Edelsteine! Sie sind die Urahnen der Menschen und haben die Geschichte des Universums gespeichert. Auch sie entspringen dem Ur-Gedanken und haben ihr Licht verkörpert, so wie du es tust. Durch die Kristallisation ihres Lichtes sind aus ihnen die wunderschönsten Wesen entstanden. Ihre Schönheit und ihre Heilkraft sind für die Menschen sichtbar und erlebbar geworden. Der Stein ist ihr Körper geworden, so wie dein feinstoffliches Wesen sich bald in einem Menschenkörper ausdrücken wird. Feinstofflich wird stofflich! Die Edelsteine haben ihre Informationen in Steinformationen verankert. Und du wirst universelles Wissen in deiner menschlichen Hülle verankern. Ein sehr ähnlicher Prozess. Man könnte auch sagen: wenn Geist die Materie beseelt.

Die verborgene Intelligenz der Edelsteine ist das große Geheimnis, das du wiederentdecken wirst. Sie werden deine besten Freunde werden und du wirst ganz neu aufleben können. Edelsteine sind auch mit meinem Wissen und meinem Farbspektrum verbunden. Edelsteine sind ein intelligentes Netz der Kommunikation mit anderen Planetensystemen und mit anderen Galaxien. Sie rufen dich und zeigen dir den Weg zurück zu mir, dem Regenbogen. Das ist das Geheimnis, das du aber zu Beginn deiner Erdenreise erst mal für kurze Zeit vergessen wirst. Edelsteine und Farben, sie sind deine Magie!"

Plötzlich strahlt der Junge, etwas vibriert durch sein ganzes Energiefeld. Eine nebulöse Erinnerung, oder ist es Vorahnung, erwacht, und sein Gesicht hellt sich auf.

„Ja, das ist wunderbar, dann wird meine Reise aus dem Sonnenlicht und weg von dir und meiner Familie doch noch einen Sinn haben. Werde ich dann weniger traurig sein?"

„Ja, ich denke schon, da du endlich finden wirst, was du selber bist. Ein diamantenes Licht ...

Auch daran wirst du dich wieder erinnern können, auch deshalb wirst du nochmals zu Erde geschickt."

„Waaas, auch deshalb muss ich nochmals auf diese Reise, um mich an mich selbst zu erinnern? Und deshalb muss ich so vieles vergessen? Nein echt, das ist nicht schön! Gar nicht schön!"

Der Junge reagiert sehr emotional auf diese Aussage. Er motzt schon wieder und macht einige unhöfliche Geräusche. Der Regenbogen muss jetzt wirklich lachen. So viel Emotion hätte er nicht vom Jungen erwartet. Aber das ist ein gutes Zeichen, das wird ihm Kraft geben, sich endlich aus der Warteschleife des Sich-nicht-entscheiden-Wollens zu lösen.

Er muss über alles, was der Regenbogen ihm so freundlich versucht hat zu erklären, nachgrübeln. Nach geraumer Weile steht der Junge auf, seufzt und klopft sich bedächtig und langsam das Sternenkleid zurecht. Nachdem er sich wieder etwas beruhigt hat, und nach langem beschaulichem Nachdenken und sich verinnerlichen, nickt er dem Regenbogen zu. Der freut sich über die Entscheidung seines Schützlings und ruft sofort zwei Begleiter, es sind Wächter, für den Jungen, damit er seine lange Reise beginnen kann. Ohne persönliche Begleiter, ganz persönliche treue Wächter, geht nämlich keine Seele auf Reisen, das muss hier auch mal noch erwähnt werden.

Einige der wartenden Seelen schauen dem Spektakel der Vorbereitung zu. Nicht alle werden durch die gleichen Vorbereitungen gehen, da jede Seele eine andere Aufgabe haben wird. Die einen tragen schwerere Lasten, während andere leichter durch die lineare, strukturierte Zeit reisen werden. Die meisten werden vergessen, woher sie kommen und weshalb sie diese Zeitreise überhaupt unternehmen.

Nun wird dem Jungen das Kleid wie eine Schale langsam entfernt. Je weiter sich sein Sternenkleid von der Seele entfernt, desto kälter und melancholischer wird der Junge jetzt schon. Er weiß, seine Aufgabe ist es, die Menschen daran zu erinnern, dass auch sie irgendwann einmal über den Regenbogen gewandert sind. Er will diese Herausforderung gar nicht mehr. Warum ist er überhaupt verantwortlich für andere?

Der Regenbogen hat diese stille Frage gehört.

„Du musst gar nichts! Aber indem du realisiert, was du im wesentlichen Kern selber bist, wirst du deine Wahrheit, oder deine Realität, ausstrahlen, und das wird gleichgesinnte und suchende Seelen anziehen.

Du TUST nichts, du WIRST wieder! Das ist ein großer Unterschied! Nach dem Gesetz der Anziehung – Ursache und Wirkung! Wenn Menschen wieder realisieren und erkennen, dass ihr Körper ein Kanal für Geist und ihre Seele ist! Die Verschmelzung von Geist und Materie, dann, ja dann geschehen Wunder! Die Seele beginnt ihren Siegeszug in ihre ganz persönliche Freiheit. Der Befreiung von Kontrollmustern, der Befreiung des Opferseins, der Befreiung des Müssens, der Freiheit – nach Gutdünken sein eigenes Leben zu kreieren! Und so vieles mehr."

Der Junge betrachtet den Regenbogen. Sie stehen sich still gegenüber. Darauf, was der Regenbogen gesagt hat, antwortet er nicht. Er muss über alles nachdenken. Auch jetzt schleichen sich schon wieder Gedanken durch sein jetzt noch offenes Energiefeld.

Sind die Menschen vielleicht gefallene Engel?

Sie rebellierten und wollten so ihre ganz persönlichen Erfahrungen machen?

Und je weiter sie gereist sind und je länger sie unterwegs sind, umso mehr haben sie sich von der Ur-Quelle entfernt und die Erinnerung an ihr Paradies verloren?

Sie haben sich so verdichtet in ihrer Struktur, dass sie ihre lichte Erinnerung an ihre Herkunft voll vergessen haben?

Durch Einmischung haben sich Mutationen und Hybride ergeben?

Die originale Lichtinformation wurde mit der Zeit verzerrt und verfälscht?

Sie fließen nicht mehr in Harmonie mit dem Licht, sie sind verstopft, was immer größere Isolation hervorruft?

Die Menschen sind verschlossen, kleingeistig und vom großen lebendigen Geist ausgesperrt?

Das Geist-Seelengefüge ist aus dem Konzept und aus dem Anschluss der Einheit gefallen?

Oder sind sie in Ungnade gefallene Engel?

Gibt es nur auf Erden Menschen? Oder haben sie sich auch noch woanders im Universum angesiedelt?

Wird er es schaffen, den Kontakt mit seiner lichten Quelle bewusst aufrechtzuerhalten, trotz Schattenland?

Er schüttelt seinen Wuschelkopf und seufzt schwer, während er sich, umgeben von großen Lichtern, der Zeremonie hingibt.

Der Rat der ältesten weisen Meister ist jetzt mit ihm. Sie wissen um den Seelenplan des Jungen und sprechen leise auf ihn ein: „Wir sind omnipräsent bei dir, wir trennen uns nicht von dir. Wir sind immer dein Zuhause, wo du Zuflucht finden kannst. Wir sind deine geistige Heimat, deine Quelle des Wissens und kommunizieren mit dir durch alle Ebenen und diversen Frequenzen, wie immer schon. Das weißt du und wirst es spüren, während du im Erdenkleid wandelst. Unser Licht ist auch dein Licht, da wir ja eins sind, du und wir sind nie getrennt. Wie dir der Regenbogen die drei Ur-Farben erklärt hat, sind wir durch diese Wellen-Frequenzen miteinander verbunden. Unser großer Rat wacht über die kosmischen Farbstrahlen!

Die Schwingungen unserer Farbenergien und ihren Intelligenzen senden wir direkt zur Erde und in das Universum hinaus. Wir transformieren diese intensiven Strahlen hinunter direkt in die vielen verschiedenen Energiezentren der Menschen.

Dieses Wissen wirst du nicht vergessen, was dich wohl etwas andersartig macht auf Planet Erde. Wie ich dir bereits versprochen habe, zu deiner Erleichterung wirst du Gleichgesinnte finden, mit denen du jeweils ein Stück zusammen reisen wirst. Viele werden dich zwar wieder verlassen, aber sie werden durch neue Seelenbegleiter ersetzt. Du wirst nie ganz alleine reisen. Und wie gesagt, wir sind ohnehin mit dir verbunden, und du mit uns, durch Zeit und Raum und die Magie. Wobei du das manchmal wieder vergessen, oder schlimmer noch, nicht fühlen wirst! Das Fühlen ist die Antenne, mit der du die feinstoffliche Kommunikation besser wahrnehmen kannst!"

Der Regenbogen schmunzelt dem Jungen zu, der etwas verloren dasteht. Er schaut ihn an und schenkt dem Jungen in jedes seiner persönlichen Farbzentren gewisse Kodierungen, mit denen er die Reise ins Land des Vergessens besser antreten kann. Diese verschlüsselten Siegel werden dann später am Tag X, der Tag im Zeitgefüge, den er sich ausgesucht hat, geöffnet und befreit werden.

Dann wird er sich nicht mehr wie in der Hölle des Alleinseins fühlen, sondern sein Menschsein akzeptiert und lieben gelernt haben.
Die Reise der Rückschau kommt dann zu ihrem Ende.
Aber bis dahin dauert es noch eine Weile und dieses ist die Geschichte des Jungen mit dem diamantenen Herzen. Er wird sie euch selber erzählen, auf seine Weise. Aber auch das zu einem späteren Zeitpunkt, weil er ja erst mal die Regenbogenbrücke überqueren muss.

Nochmals wird sein „Gepäck" durchgecheckt. Es enthält Dinge wie:
– Mut
– Zuversicht
– Wille
– Kraft
– Schutz – Geborgenheit
– Intuition (das besonders und speziell stark)
– Gewissen
– Hoffnung
– Lebenskraft
– Freude
– Einen speziellen inneren Kompass für die nicht mehr sichtbare Führung
– Vertrauen, Vertrauen und noch mehr Vertrauen (so viel davon bis zum Nullpunkt, wenn er denkt, es geht gar nichts mehr!)
– Vorahnung
– Beziehungen
– Gefühle
– Eltern – Geschwister - Verwandte
– Eine innere Reisekarte
– Durchsetzungsvermögen
– Gesundheit und vieles, vieles mehr …

Das Gepäck scheint ihm etwas schwer geworden. Er will die Reisekarte zuoberst im Gepäck, damit er sie schnell zur Verfügung hat, falls er sie dringend brauchen sollte.

Aufbruch

Das Sternenkleid ist nun endgültig weg, aber er trägt sein Regenbogenkleid, während er über die Regenbogenbrücke wandelt. Das ist tröstlich und auch nötig, da hier alle Erinnerungen, die er im Menschenkleid braucht, kodiert und gespeichert sind. Diese Kodierungen sind der Kompass und die Richtlinien, an denen er sich auf seiner Reise immer wieder orientieren kann. Das Menschenkleid steht dann erst bei seiner Ankunft auf Erden zur Verfügung.

Er seufzt, dreht sich um, winkt den anderen Seelen zu, die ihm zugeschaut haben, und verabschiedet sich. Möglicherweise begegnet er einigen dieser Seelen wieder im Menschenkleid, aber sie werden nicht mehr wissen, dass sie sich ja schon lange kennen.

Er umarmt seine Lichtfamilie, seine Sternengeschwister, und nun beginnt er doch noch zu weinen. Seine Sternenmutter will ihn fast nicht loslassen, weil sie weiß, was auf ihn zukommen wird.

„Dein Vater kann leider heute, in diesem so wichtigen Moment, nicht hier sein. Du weißt ja, er ist selbst auf Reisen."

„Ja, ich weiß, er ist mit der Flotte unterwegs, wie immer!"

Er seufzt und versucht, seine Enttäuschung nicht zu zeigen.

Seine große Schwester flüstert ihm aufmunternde Worte zu, die uns leider hier nicht mitgeteilt werden. Seine Familie wartet auf ihn, bis er seine Erdenreise abgeschlossen hat. Das wird ein Riesenfest werden, wenn er wieder zu Hause ist. Darauf freuen sich schon alle wieder. Da lineare Zeit im Sternenraum nicht existiert, ist auch die Erdenreise nicht wirklich sehr lange. Nun ja, je nachdem, wie man sich halt eben arrangiert ...

Als die Abschiedszeremonie beendet wird, lächelt der Regenbogen den traurigen Jungen an.

„Nun, mein Junge, komm her, ich umhülle dich und forme dir eine Brücke, über die du jetzt deinen Weg beschreitest. Guck mal, ich trage dich sicher auf die andere Seite. Spürst du die Wärme meiner Farben?"

Der Regenbogen hüllt den Jungen rundherum ein, damit er die Sanftheit nochmals richtig spüren kann. Er wirbelt in Spiralen um ihn herum und dabei entfalten sich süße Düfte, die sich wohltuend auf sein Nervensystem auswirken. Die Seele der üppigen Düfte wird im Erinnerungsfeld gespeichert, um auch diese später bei Bedarf abrufen zu können.

„Meine Farben begleiten dich, bis du im Schattenland geboren bist. Und wenn du auf der anderen Seite angekommen bist, siehst du mich weiterhin, allerdings außerhalb deines Selbst. Ich bin in deinem Innen sowie in deinem Außen manifestierte Schönheit und Faszination. Jedes Menschenkind kann mich sehen. Die meisten Menschen mögen mich, den Regenbogen. Sie spüren unbewusst, dass ich ihre Erinnerung bin. Leider mögen sie sich aber nicht mehr an die Erinnerung erinnern. Schade eigentlich, nicht? Na ja, deshalb schleusen wir Seelen wie dich in die Dichte der Erde um die Menschen an ihre Regenbogenreise und sonst noch so einige Dinge zu erinnern."

Der Junge hört dem Regenbogen zu, er schämt sich ein wenig wegen seiner Zweifel und seinem Unmut, wird er doch so liebevoll vorbereitet von allen möglichen Seiten. Er schaut dem Regenbogen direkt in dessen schimmerndes Farb-Herz und lächelt spontan.

Die süßen Düfte in seiner Nase und seinen Sinnen gespeichert, nimmt er sein Gepäck und beschreitet die Brücke.

Sie ist weich, wie vom Regenbogen versprochen. Die verschiedenen Farben strömen verschiedene Düfte und Schwingungen aus, die ihn an zarte Musik erinnern. Er speichert alles, was er registriert, um es bei Bedarf abrufen zu können.

Bevor er nachdenklich seinen Wächtern folgt, die für seinen Schutz und Ausgleich zuständig sind, mustert er sie genau. Er will wissen, mit wem er auf Reisen geht.

Der Wächter zur linken Seite ist beinahe zweieinhalb Meter groß wie eine Bohnenstange, schlank, mit einem sensitiven, ebenmäßigen Gesicht. Neutraler Ausdruck mit Augen, die in die weite Ferne schauen und alles im Blickfeld zu haben scheinen. Es erscheint dem Jungen, dass dieser Wächter ein unglaubliches Beobachtungstalent besitzt. Lange betrachtet er diesen, er ist fasziniert von der Ruhe, die er ausstrahlt.

Nachdenklich wendet er sich seinem zweiten Wächter zu. Der Wächter zur rechten Seite erinnert eher an einen Krieger. Größer, beinahe um die zwei Meter achtzig groß, sehr muskulös und markante marsianische Gesichtszüge. Seine Augen sind durchdringend wie der Blick eines Adlers. Die Haut ist sandig dunkel, im Vergleich zum Wächter zur Linken, dessen Haut leicht karamellfarbig, sogar leicht bläuliche Farben aufweist. Die Wächter ändern ihre Hautfarbe je nach Befinden, Erleben und Erfahrungen, die der Junge macht. Oder aber sie passen sich an das jeweilige Farbdepartement des Regenbogens an. Je nachdem, nichts ist fix und ist immer wandelbar.

Die Wächter scheinen geschlechtslos, sie stehen für die Mächte, nicht für eine bestimmte Ausdrucksform. Sie repräsentieren die Erinnerung einer Seele an ihren Ursprungsort.

Die Wächter lassen sich geduldig vom Jungen durchchecken. Er nickt ihnen anerkennend zu und schenkt ihnen ein müdes Lächeln. Er hat sie akzeptiert. Und sie ihn auch, schließlich müssen auch sie mit ihm und seinen Marotten fertig werden.

Sie nicken sich nochmals gegenseitig zu und dann schmelzen die Wächter mit ihm zusammen.

Es wird nicht gesprochen.

So also beginnt die Reise des Jungen über den Regenbogen. Er weiß, dass je weiter weg er von seinem Ausgangspunkt schreitet, umso mehr die Erinnerung an seine Sternenheimat schwindet.

Da Zeit, wie gesagt, hier noch keine Rolle spielt, wissen wir auch nicht so genau, wie lange sie schon auf dem Regenbogenpfad wandeln.

Nach geraumem Wandern bleiben die Wächter plötzlich und unvermittelt stehen und schauen den Jungen an. Erstaunt schaut er zurück, erst auf den Wächter auf der linken Seite, dann auf den auf der rechten Seite. Er war so tief in seiner Gedankenwelt, dass sie ihn beinahe erschreckt haben mit ihrem Stillstehen. Er ist es noch nicht gewohnt, dass sie für ihn eine Entscheidung treffen. Eigentlich hätte er sie spüren sollen, sie sind so eng mit ihm verbunden, dass er den kleinsten Unterschied ihrer Bewegungen wahrnimmt. Aber seine Gedanken waren noch halbwegs beim Zeremoniell des Abschiednehmens.

Seine Wächter deuten ihm, geradeaus nach vorne zu schauen. Er hebt den Kopf und schaut geradewegs in zwei große leuchtende, irisierende Gesichter. Auge an Auge. Gesicht zu Gesicht. Er stolpert einen Schritt zurück und fällt beinahe über seine Wächter. Das plötzliche Auftauchen dieser Gesichter erschrickt den Jungen. Vor allem, weil sie direkt vor ihm stehen, ohne dass er es zuvor bemerkt hat.

„Ui ui, jehhh, was ist das?!"

Er hält sich an seinen Wächtern fest und erschrocken schaut er sie an. Aber die antworten nicht darauf. Der Junge beobachtet die vor ihm stehenden, schwebenden Schädel-Erscheinungen.

Kristall

Die Gesichter sind groß, so groß wie sein ganzer Körper, aber glücklicherweise sehr angenehm anzuschauen. Man sieht nur zwei große Gesichter, einen Riesenkopf ohne Körper. Eigentlich, bei genauerem Hinschauen, haben sie keinen bestimmten Gesichtsausdruck. Und dennoch erscheinen sie freundlich neutral. Ihr Wesen ist leuchtendes kristallenes Licht. Das Licht IST ihr Wesen! Als er den ersten Schreck überwunden hat, schaut er lange in diese Gesichter und er spürt, wie er sehr ruhig wird. Die schweren Gedanken von vorhin haben plötzlich keine Relevanz mehr.

Seine Wächter schreiten einen Schritt näher an die leuchtenden kristallenen Gesichter. Er folgt ihnen und es wird spürbar wärmer. Er steht eine Weile vor ihnen, als auf einmal alles beginnt, in Plasma-Flüssigkeit zusammenzufließen. Das Gesicht des Jungen, das seiner Wächter und die kristallenen Gesichter verschmelzen alle ineinander. Das Bewusstsein der kristallenen Wesen durchdringt sein eigenes Bewusstsein. Es strömt und verteilt sich auch in sein ganzes feinstoffliches Wesen. Bei diesen hohen Frequenzen, die durch ihn hindurchfließen, beginnt er ganz leicht zu zittern.

Die kristallenen Gesichter sprechen nicht. Die Übertragung ist eine Form der Gedankentechnologie aus den höchsten Lichtebenen. Und der Junge fragt auch nichts. Er weiß unbewusst, was geschieht. Ein Wissen, das direkt aus dem Schmelztiegel der Quelle strahlt und sich mit seinen Zellen verbindet. Er wird in diesen unglaublich starken Strahl eingebunden.

Er fühlt instinktiv, dass es sich um eine Einweihung handelt. Er kann nicht erklären, weshalb er das weiß. Es ist einfach so. Er verspürt keine Angst, jedoch etwas Furcht, weil er nicht genau weiß, was die Einweihung bewirkt.

Auf einmal erscheint Meister Merlin wie aus einem dichten Nebel. Der Junge ist mächtig überrascht, den Meister, den er schon sehr lange kennt und von Herzen liebt, bereits zu Beginn seiner Reise anzutreffen. Er lächelt ihn strahlend an und reicht dem Meister beide Hände. Merlin streicht über die wilden Haare des Jungen und stellt sich neben ihn, um ihn zu stärken und zu unterstützen.

Der Junge kann jetzt nicht weg, er ist mitten in einer Übertragung. Natürlicherweise weiß Merlin das auch. Jedenfalls bestätigt er, was der Junge bereits geahnt hat.

Während er den Jungen bei dieser Übertragung aus dem Reich des Nichts, der gigantischen Ursuppe, beobachtet, spricht er sanft zu ihm.

„Diese Ebene, mein Junge, ist deine eigene diamantene Struktur aus den höchsten Bewusstseinsebenen. Ich persönlich öffne dir das verschlossene Siegel in deiner Wirbelsäule und deiner Merkaba. Dermal einst an deinem Tag X wird diese Programmierung aktiviert und du wirst sie anwenden können. Deine universelle Erinnerung wird schnell erwachen und dich aus der Polarität in die neue Wirklichkeit, die wir auf Erden erschaffen, katapultieren."

Merlin schaut ihn an und berührt freundlich, beinahe tröstend die Hände des Jungen.

Merkaba = Lichtfeld, Bewusstseinsfeld, feinstoffliches Zeit-Raum-Dimensionsgefährt

Auch hier fragt der Junge nichts Weiteres und nach einer kurzen Schweigepause spricht Merlin wieder:

„Wir werden zusammenarbeiten. Aber für diese gemeinsame Zusammenarbeit müssen deine Zellen alte Strukturen loslassen, damit wir dich mit unseren hochfrequentierenden Lichtkodierungen erreichen können. Da du selbst durch alle notwendigen Prozesse geführt wirst, bevor du dein Menschenkleid anziehst, wirst du den Menschen im Schattenland helfen können. Du wirst ihnen helfen zu verstehen, dass alles aus seinen starren Strukturen aufwachen muss, Tausende von Jahren alte Denkmuster und Komfortzonen zerbrechen müssen, damit eine Umwandlung stattfinden kann! DAS, mein lieber Junge, mögen die Menschen nicht!"
Der Meister zieht eine Grimasse, um seine Worte zu unterstreichen. Der Junge muss lächeln.

Merlin lässt seine Energien in die Hände des Jungen fließen und beobachtet ihn. Der Junge ist eine alte Seele und hat viele endlose Zyklen durchexerziert, um auf diese seine spezielle Reise geschickt zu werden. Er spürt Merlins Energien und ist innerlich ganz still geworden, so, als hätten alle Gegenpole aufgehört zu existieren. Er ist gerade eins mit der Kraft der Zentralsonne geworden. Bewundernd schaut er Meister Merlin an. Der Junge kann die Kraft spüren, die aus dem Meister strömt.

Zum Glück ist er bereits mit den kristallenen Gesichtern zusammengeschmolzen, sonst würde er diese Kraft gar nicht verarbeiten können. Es scheint ihm, als würde er wie eine Glühbirne von innen her leuchten.

Merlin fühlt die Energieströme des Jungen genau und weiß, wie er sich gerade fühlt.

„Magst du noch etwas mehr aufnehmen, sollen wir weitermachen?"

Der Junge mag nicht reden und nickt nur, um seine Einwilligung zu geben.

Der Meister berührt nun die Schultern des Jungen und verweilt mit der anderen Hand auf einer bestimmten Schlüsselstelle auf dem Rücken. Zuerst fühlt der Junge eisige Kälte, die sich überall ausbreitet. Er spürt, wie sämtliche Programme, die noch verkrustet in seinem System hängen, durchgeflutet werden.

Plötzlich spürt er die alten Glaubensmuster und unverarbeiteten Emotionen seiner zukünftigen Eltern. Sie können also auch alte Strukturen auflösen durch das neue Programm, das er bereits in sich trägt und mit auf die Erde nimmt? Seine Präsenz im Schattenland wird bei seinen zukünftigen Mencheneltern heftig an ihrem gewohnten Käfig rütteln?!

Diese Erkenntnis hätte er mit dem Regenbogen abklären sollen vor seiner Abreise. Aber das wusste er ja noch gar nicht! Wut macht sich wieder breit in ihm, aber bevor er sich Merlin mitteilen kann, wird er immer kälter, er hat Angst, zu einem Eisklotz zu erstarren.

Er kann sich nicht bewegen, die Emotionen, seine eigene Aura, alles löst sich für einen Bruchteil weniger Sekunden auf. Wenigstens erscheint es ihm so. Er hat jeglichen Sinn für Zeit verloren. Er scheint sich in der Ewigkeit zu befinden, ohne Anfang, ohne Ende. Ohne Weitsicht ohne Bewegung. Die Leere, in der sich festgefahrene Strukturen auflösen müssen! Nichts ist da, im Feld des Nichts, und dennoch ist gleichermaßen alles vorhanden für die nächste Runde der Entwicklung.

Merlin flüstert leise:

„Jegliche Formgebung wird durch das Einatmen, Ausatmen, durch das Gefrieren sowie das Schmelzen erreicht. Die Quelle spuckt es aus, die Quelle verschluckt es wieder!"

Der Junge beobachtet sich selbst aus weiter Ferne, gefühlte Millionen Lichtjahre weit weg. Er empfindet auch absolut keine Gefühle oder irgendwelche Emotionen. Er hat sich selbst und jegliche Form aufgelöst.

Erst als sich leise Panik bemerkbar macht, weil er wirklich fast erstarrt vor Kälte, berührt ihn Merlin, um ihn wieder in die Struktur zurückzuholen.

Ohne Aura, ohne persönliches Energiefeld geht nun mal gar nichts!

Es ist der Schutz, der einen durch alle Gezeiten begleitet, ansonsten muss sich die jeweilige Form jedweder Inkarnationen auflösen. So, wie er das gerade eben erlebt hat.

Jede Schicht der verschiedenen Aura-Energie-Felder erzählt die kosmische Geschichte und das Wissen der universalen Kräfte.

Merlin flüstert:

„Weißt du, nicht an deinem Namen, aber an deinen Farben wird definiert, wer du bist. An ihnen wird man dich in allen anderen Ebenen erkennen. Die Farben prägen ein Wesen und sind wie eine Chronik zu lesen, sie sind die Geschichte und Prinzipien. Sie zeigen die gesammelten Erfahrungen, die die Seele durch die äonenlange Reise erlebt hat."

Es herrscht großes Schweigen. Der Junge hat nur halbwegs hingehört, da er noch in der Starre verweilt. Sein Körper, den er dermal einst im Menschenkleid haben wird, wird bereits jetzt vorbereitet und neu kodiert.

Ein Sterbeprozess, ohne wirklich zu sterben.

Ein Ritual, das selbst in den Gefilden der Ewigkeit seine Zeit braucht, um abgeschlossen zu werden.

Nach diesem Erlösungsritual wird er den Weg seiner Bestimmung im Menschenkleid klar verfolgen können.

Nach einer Weile der Erstarrung im Nichts wandelt sich die Kälte langsam in angenehme Wärme. Die Wärme löst Kristallisationen auf. Er spürt nun auch wieder die Plasma-Energie, die durch ihn hindurchströmt. Seine Aura schmiegt sich sanft und wärmend wieder um ihn wie ein gewohntes Kleid. Langsam nimmt er sich wieder wahr und erkennt sich wieder.

Er wird wohl mehrere Male seine Körperchemie verändern, während er im Menschenkleid weilt.

Das kann ja heiter werden. Du gütige Zeit, weshalb hat er sich das ausgesucht? Wie viele Leben will er in einer einzigen Inkarnation korrigieren?

Ach, er ärgert sich wieder, leise nur, aber eben.

Der Meister hat seine Gedanken lesen können und antwortet ihm prompt:

„Eine Seele reist immer wieder zum Punkt zurück, wo sie irgendwann mal stehen geblieben ist. Diese Altlasten müssen aufgearbeitet werden, um die hohen neuen Frequenzen zu integrieren und zu verankern und um die Entwicklung voranzutreiben."

Merlin weiß, was dem Jungen auf der Zunge brennt, die Frage wegen seiner zukünftigen Eltern. „Ja, mein Junge, ich habe deine Wut gefühlt. Und nein! Du brauchst die Muster deiner Eltern nicht aufzulösen. Sie müssen das selber erkennen und für sich erledigen. Aber du wirst es ihnen spiegeln. Und das mögen Eltern nicht besonders. Kinder sind den Gefühlen, Mustern und Haltungen der Eltern ausgeliefert. Eltern lernen selten gerne neue Ideen von ihren Kindern. Oftmals wollen sie ihren Willen den Kindern aufdrängen, weil sie sie nicht verstehen oder nichts an sich selber ändern wollen.

Und so bleibt die Evolution des geistigen Wachstums immer wieder in ihren Kinderschuhen stecken. Von Generation zu Generation.

Nun ist die Reifezeit der Erde gekommen, in denen wir lichte Seelen einschleusen, um die Erinnerungen an die Geheimnisse des Lichtes, der Herkunft der Seele, wieder aufzuwecken. Es ist Zeit für einen Quantensprung im kollektiven Bewusstsein dieser Galaxie und darüber hinaus."

Der Meister schaut nach, ob der Junge verstanden hat. Der sieht etwas müde aus nach dieser Initiation und schließt seine Augen nur halbwegs zu. So bleibt er dennoch aufmerksam und kann Merlin zuhören. Merlin betrachtet seinen Jungen, der ähnelt einer Buddha–Statue, wie er so dasitzt, tief in sich gekehrt mit fast geschlossenen Augen, aber gleichzeitig wachsam und präsent.

„Mein Junge, viele große Lichtwesen besuchen gegenwärtig Planet Erde. Der Planet, der lange unter Quarantäne stand, wird jetzt aus seiner Lage befreit. Ein neues, leichteres Regime beginnt auf diesem Planeten. Und Lichtwesen, die sich auskennen und bereits von Anbeginn der Zeit dabei sind, helfen diesem Planeten durch die Transzendenz dieses Übergangs. Du gehörst auch zu diesen Lichtwesen. Deshalb steht dir die höchste Unterstützung zur Verfügung."

Der Junge freut sich über diese Worte des Lichtmeisters. Seine Reise zur Erde macht immer mehr Sinn. Das hilft zwar nicht gegen das Heimweh zu seiner Sternenfamilie, aber es erklärt seine Zweifel. Er kuschelt sich ganz ein in das Plasma der kristallenen Gesichter und die Kraft des Meisters, die alles durchströmt.

Die schönen kristallenen Gesichter schimmern wie Perlmutt, sie glänzen mächtig mit allergrößter Lichtkraft. Es ist mit nichts zu vergleichen, das nur ähnlich wäre auf Erden. Es blendet richtiggehend. Aber es tut den Augen nicht weh. Noch ist sein geistiges Auge weit offen und kann hohe Lichtfrequenzen empfangen und verarbeiten.

Er schaut direkt in die kristallenen Gesichter, die ihn voll und ganz aufnehmen. Sie sind ohne Urteil, da sie ja der direkte Ausdruck der Quelle sind.

Das Göttliche beurteilt sich niemals selbst.

„Siehst du, mein Junge, das göttliche Paradies – so nennen das die Menschen, oder besser, die Ursprungsquelle, ist direkt IN dir und du bist direkt IN der göttlichen Quelle. Alles, was sich innen befindet, spiegelt sich im Außen wider. Wobei das Außen nur eine Wahrnehmung ist! Eine Illusion sozusagen. Das Außen ist die Wahrnehmung der inneren programmierten Projektionen. Alles ist im Nichts enthalten."

Das „Paradies-Wort" gefällt dem Jungen nicht so. Er mag das Quelle-Wort besser, weil es undefinierbar ist wie das Universum selbst. Merlin ist das auch egal, wie sein Schützling die Dinge benennen will. Er vertraut dem Jungen, denn er weiß, dass Worte Schwingungen sind, und bei ihrem Gebrauch füllt man sie mit Energie.

Merlin lächelt und meint:

„Das muss für dich stimmig sein, welches Wort du benutzen möchtest und dir besser helfen kann zu verstehen. Fühle, mit welchen Worten du dich identifizieren möchtest oder kannst. Welche Worte für dich aufbauend und unterstützend sind. Oder welche dich in deinem Selbstwert und Verständnis erniedrigen! Worte können lange nachhallen wie ein Echo. Und dort können sie sitzen bleiben und viel Schaden, aber auch viel Freude und Aufmunterung bewirken! Achte auf die Worte deiner Selbstgespräche! Sind es freundliche Worte? Sind sie diskriminierend? Fördern dich deine Selbstgespräche???"

Der Junge erwidert Merlins Lächeln und nachdenklich fügt er hinzu:
„Ja, ich werde lernen, wie sich ein Wort anfühlt und was es ausdrückt. Manchmal mag ich viele Worte nicht, weil sie missverstanden werden können. Oder die Dinge, wie sie sind, verzerren und zerstückeln. So oft wird etwas zerredet, bis es seinen Sinn verliert. Manchmal möchte ich die Dinge einfach fühlen und es so belassen.
Danke, Merlin, dass du gekommen bist. Es ist so wohltuend, wenn du da bist. Ich bin dir sehr dankbar für deinen Besuch!"

Er umarmt seinen Meister, dann wendet er sich wieder den Kristall-Gesichtern zu. Sein Blick ist sehr fokussiert und durchdringend. Die Gesichter beginnen zu lächeln, nur den Hauch eines Lächelns. Es erinnert eher an eine Anerkennung.

Der Junge hat sich in seiner eigenen Ganzheit erfahren. Er wird lernen, diese Einheit ganz und gar zu spüren und immer tiefer zu integrieren auf dieser seiner Regenbogenreise. Die kristallenen Lichter werden in sämtliche Farben, die er noch besuchen wird, hineinstrahlen.

Merlin nimmt die Hand vom Rücken des Jungen und der beginnt sich sofort zu entspannen. Sein Rücken ist jetzt gerader geworden. Viel unnötiger Ballast, den er dachte, noch erledigen zu müssen während seiner Reise auf Erden, hat sich bereits jetzt schon auflösen dürfen.

„Danke, Merlin, ich bin schon froh, dass ich das nicht mehr mitschleppen muss. Ich fühle mich erleichtert und gereinigt. Das Heimweh wird wohl bleiben, bis ich zurück bin, nicht?"

„Ja, das wirst du immer spüren. Es wird aber als Ruf der Erinnerung und Orientierung bleiben, damit du deinen Kurs nicht verlierst. Deine Sehnsucht ruft dich immer wieder zurück. Sie wird dir als Wegweiser dienen. Du wirst lernen, das geistige Zuhause zu dir in die Materie zu holen. Dann gibt es auch nicht mehr hier und dort. Du wirst meisterlich lernen, alle Dinge in den Mittelpunkt zu bringen. Und dann löst sich alles auf. Es ist die Transformation der Materie. Wenn das Spiel der Polarität überwunden wird. Oder, wie wir es nennen – den Ouroboros."

Ouroboros = Yin und Yang – Ewigkeitssymbol – die Schlange, die sich selbst in den Schwanz beißt und so den Kreislauf der Zerstörung und des Neubeginns symbolisiert

Merlin mag „seinen" Jungen sehr und noch mal streicht er ihm über seine Haare. Der Junge ist dankbar für diese Geste, macht sie doch keinen Unterschied, wer hier der Meister ist. Da gibt es keine Hierarchie. Er lächelt Merlin an, der legt seinen Arm um die Schultern des Jungen und zusammen schreiten sie aus dem hochkarätigen elektrischen Lichtfeld der kristallenen Gesichter. Die Wächter, die sich ebenfalls aus diesem Lichtfeld lösen, begeben sich, wie die Ordnung es fordert, wieder je einer zur rechten und einer zur linken Seite des Jungen.

Die Wächter verneigen sich leicht vor Meister Merlin, um ihre Anerkennung zu zeigen. Sie tun es aus Respekt, nicht weil es irgendein Protokoll erfordert.

So bleiben sie noch eine Weile zusammen und der Junge plaudert fröhlich mit seinem geliebten Meister. Er ist unbeschwert wie selten, weil er gerade durch eine sehr wichtige Initiation geschleust wurde und sich jetzt leichter fühlt. Das Heimweh nach seiner Sternenfamilie, das ihn fast zerrissen hat, durfte sich lockern und die Bande des Festhaltens befreien.

Die Wächter stehen enger zur Seite des Jungen, sie berühren seine Schultern und spenden ihm Kraft. Die Reise auf dem Regenbogen geht weiter.

Merlin steht auf und hilft dem Jungen auf die Beine. Ein letztes Mal berührt Merlin den Rücken des Jungen, wie um ihn zu segnen. Der schließt die Augen, um sich voll und ganz dem Moment hinzugeben. Dann umarmt er Merlin lange. Und ganz plötzlich, so wie der Meister erschienen ist, so verschwindet er wieder. Leise und unauffällig.

Etwas verwirrt über die Geschwindigkeit des Verschwindens seines Meisters, schaut sich der Junge um, kann Merlin aber nicht mehr sehen.

Verschiedene Meister reisen in diesen Gefilden mit Leichtigkeit von einer Wirklichkeit zur anderen. Er seufzt.

Der Junge will sich noch etwas erholen und setzt sich noch mal hin.

Er atmet einige Male tief durch, bevor er seine Wächter anschaut und Zeichen gibt, weiterzugehen.

Dann, noch voll des Erlebten, schweben sie über die Regenbogenbrücke zum nächsten Abenteuer.

Die Farben des Regenbogens werden kräftiger und somit wird es auch etwas geräuschvoller. Das weiße, silberne, goldene und diamantene Licht sind ihm sehr vertraut und wohlbekannt. Da ist seine Erinnerung noch intakt.

Unterwegs trifft er immer wieder viele Bekannte und Gleichgesinnte, die ihren Lebensplan noch mal durchstudieren, bevor auch sie in die Dunkelheit des Bewusstseins abdriften. Dieses diamantene Licht, das von der Ur-Sonne gespeist wird, überstrahlt alles und nährt die Seelen, die sich in dieser Dimension aufhalten. Die Augen des Jungen nehmen eine Ladung dieses Strahlens mit auf die Reise. Die Menschen werden sich wundern über seinen glänzenden und durchdringenden Blick, den er nie verlieren wird. So als würde die Sonne selbst durch seine Augen scheinen.

Die Reise führt weiter über die violette und dunkelblaue Farbdimension, welche unbewusste Verpflichtungsgefühle hervorruft. Er bleibt kurz stehen, um diese Gefühle zu verinnerlichen. Er wird das, was zu tun ist, erledigen. Er wird es, so hofft er wenigstens, sehr kreativ und auf seine Weise tun. Ungewöhnlich und außerhalb des menschlichen Verstandes und dessen Bewusstsein. Es ist ja auch nicht ganz einfach, das Unerklärliche für alle fassbar zu erklären! Nach dieser Einweihung ahnt er, dass er seine Aufgabe im Schattenland irgendwie erledigen wird. Das WIE wird sich dann schon zeigen. Er denkt darüber nach, nickt leise vor sich hin, um seine Gefühle für sich selbst zu bestätigen. Ja, so stimmt das für ihn, er hat sich bereits entschieden.

Seine Wächter beobachten ihn, ob er vielleicht etwas länger verweilen möchte in diesen Farbwolken?

Violett

Das violette Licht bringt er gleich selber mit zur Erde. Es wird eine seiner Aura-Farben sein. Deshalb verneint er die Frage seiner Wächter und winkt ab. Etwas zu lässig vielleicht?
„Nee, lasst uns lieber weitergehen."
Auch hier ist seine Erinnerung, und was er zu erledigen hat, noch präsent und wird es auch auf Erden bleiben. Sein wissendes Auge wird sich nie schließen. Das innere Auge wird mit seinem Sternenzuhause verbunden bleiben. Das weiß er jetzt mit Sicherheit. Er lächelt still vor sich hin. Ob er es auch immer fühlen wird, ist eine andere Sache! Die Wächter registrieren es, ohne zu reagieren. Plötzlich wird er unsanft aus seiner Erkenntnis herausgerissen.
Ein strahlendes, gleißendes violettes Licht kommt in Windeseile direkt auf ihn zu. Die leuchtende Farbe wird von ihrem eigenen Klang begleitet und umhüllt.
„Du hast es aber eilig, Junge!"
„Ohhh!"
Er erschrickt und zuckt zusammen. Sofort bleibt er stehen und berührt sicherheitshalber seine Wächter, um sich zu orientieren.
Eine kräftige, sichere Stimme hat gesprochen.
Auf diese überraschende Begegnung war er nicht vorbereitet, eigentlich wollte er hier einfach weiterziehen.
Die Stimme spricht freundlich weiter:
„Du hast noch was vergessen, Junge. Wir sind deine Begleitung. Ich bin Amethyst, der Sprecher unseres Departementes. Wir kommen mit dir ins Menschenkleid. Dort werden wir mit

dir zusammenarbeiten und unsere Energien als Kollektiv auf Erden aktivieren."

„Amethyst?"

Der Junge schaut das leuchtend violette Amethyst-Licht an. Wird die Farbe durch die Schwingungen des Klangs aktiviert oder macht die Farbe den Klang? Der Junge ist sich nicht sicher, möglicherweise bewegt sich das eine durch das andere. Er beobachtet Amethyst intensiv.

„Ja, das sind wir. Ich bin das Überbewusstsein, oder sagen wir, die Seele des Amethystes. Ich war am Anfang, den es nicht wirklich gibt, geboren worden. Eine Zeit hinter allen Zeiten verborgen. Wir waren zu zweit, du und ich!"

Der Junge schaut die Wächter fragend an. Die lächeln und nicken. Ansonsten gibt es keinen weiteren Kommentar dazu.

„Zusammen? Wie zusammen? Im Sinne von, ähhh, wie jetzt, echt? Zwillinge, ein Ei, respektive ein Einzellern-Ding zusammen? Kernspaltung oder so was?"

Amethyst muss bei diesem Wort-Gestammel herzlich lachen.

„Genau. Du hast es erfasst. Das goldene Ei sozusagen. Wo jegliche Form im Formlosen enthalten ist. Und das Formlose bereits die Schablone für die Form enthält! Vor Äonen hast du dich in die Umlaufbahn der Erfahrungen gestürzt, während ich hiergeblieben bin und dich daran erinnere, wer und was du bist. Jemand muss doch das Licht halten, damit du den Heimweg wiederfinden kannst!"

Der Junge muss sich setzen. Das ist heftig. Das berührt ihn mächtig. Er starrt den herrlich leuchtenden Amethyst an.

„Dann bist du die ganze Zeit in allen Zeiten neben mir hergegangen, um mich in meinen Erfahrungen zu erleben?"

„Du BIST meine Erfahrung – ich bin die deine. Deshalb deine Sehnsucht, die nie endende Sehnsucht, nach Hause zu kommen. Die Sehnsucht nach etwas Unnennbarem. Das Sehnen, ganz zu sein. Egal, wo du gerade warst, du hattest immer Sehnsucht nach mir. Ich habe sie gespürt, aber du hast dich zu wenig mit mir, respektive deinem Sehnen auseinandergesetzt. Sonst hättest du mich schon lange wiedergefunden und wieder gefühlt und dein Weg wäre oftmals etwas leichter gewesen."

Er ist froh, schon zu sitzen. Er fühlt sich sehr beschämt, weil alles, was Amethyst gesagt hat, der Wahrheit entspricht. Es wurde nicht vorwurfsvoll an ihn getragen. Es hat sich als „Matter of fact" angehört. Einfach eine Tatsache.

Er braucht sich nicht zu schämen, dieses Handeln oder eher Nichthandeln gehört in den Plan der Erfahrungen.

„Auf dieser Reise in das Menschenreich werde ich dir wieder begegnen und dieses Mal wirst du dich erinnern. Zusammen werden wir deine Erdenreise beenden. Dein schönster Abschnitt auf deiner ewigwährenden Sinnfindung wird sich erfüllen. Du kommst endgültig wieder nach Hause, natürlich reden wir hier von deinem Seelenzuhause. Worauf auch wir uns mächtig freuen, glaube mir. Auch ohne dass du dir dessen bewusst bist, hast du viel für unsere Ebene getan. So dient jegliches allem und jedem über alle Ebenen hinaus. Lichtebenen oder Schattenebenen, wohlverstanden!"

Der Junge betrachtet das leuchtende Licht, das so stark und dennoch verständnisvoll mit ihm gesprochen hat. Schon ist er wieder in seine so übliche Nachdenklichkeit abgedriftet. Viele Erinnerungen laufen wie ein Film vor seinem inneren Auge ab. Sanfte Klänge, die Amethyst begleiten, unterstreichen die Szene.

Amethyst beobachtet den Jungen.

Hier wird weder beurteilt noch geurteilt. Irgendwann findet alles seinen Ausgleich und seinen Frieden. Irgendwann ...

Amethyst spricht mitten in die Nachdenklichkeit des Jungen.

„Halte dich nicht zu sehr auf mit zu viel Nachdenken. Es wird dich bremsen in deinen Aktionen. Sei mutig und handle. Wir freuen uns, wenn du uns ein weiteres Mal hilfst, durch die bevorstehenden Umbruchzeiten auf Planet Erde und der Galaxie beizustehen. Deine Energieform wirkt als Portal, nicht nur für dich selbst, auch unter den Menschen. Du wirst dorthin gesandt, wo es deine Energieform am meisten braucht, damit du als Antenne operieren kannst. Du wirst die Führung in deinem Menschenleben wieder annehmen wollen.

Genau genommen, ist es deine Energie, die ausgesendet wird und Dinge bewirkt. Cool, oder?»

„Cool? Du liebe Zeit, dein Humor ist ja außergewöhnlich! Also ehrlich, so cool finde ich das nun auch wieder nicht!" Ein wenig von des Jungen Feistigkeit macht sich gerade bemerkbar.

„Weißt du, warum du das nicht cool findest? Weil du noch zu viel darüber nachstudierst! Wenn du die Dinge akzeptierst, wie sie sind, dann fließt es in deinem Energiefeld wieder, weil du es weder durch deine Gedanken noch durch deine Emotionen blockierst. Und plötzlich weißt du, was zu tun ist. Oder eben nicht zu tun, sondern zu sein! Dein höheres Intelligenzfeld kann dich dann inspirieren."

Er spricht leise nach:

„Mein höheres Intelligenzfeld wird mich inspirieren! Hmmm ...!"

Der Junge beobachtet Amethyst. Er nimmt zur Kenntnis, was Amethyst gesagt hat, sagt aber nichts mehr dazu. Es ist wirklich eine traumhaft schöne Farbe, findet er. Und dazu die Klangschwingungen ... Man kann sich leicht darin verlieren.

Amethyst lächelt, weil er die Gedanken des Jungen gehört hat.

„Das schlafende Bewusstsein auf Erden hat viel zu lange angedauert. Wir durchbrechen das alte verkrustete Matrix-Muster. Die Menschen SIND die Matrix! Es ist Zeit, das dunkle Zeitalter auf Planet Erde zu beenden."

Der Junge ist erschöpft. Diese Verantwortung wollte er eben nicht mehr. Er spürt, wie ein winziges Körnchen von Rebellion in ihm aufsteigt. Er verspürt eine abgrundtiefe Müdigkeit bis in seine tiefste Seele.

Wieder hört Amethyst seine Gedanken.

„Du bist müde, weil die alten Kodierungen und Programme nicht mehr stimmig sind, mein Junge. Du bist der alten Wege müde, nicht des Neuen, das jetzt beginnt."

Er spürt, wie der Junge auch darüber nachdenkt.

„Willst du mich ganz akzeptieren in deinem Menschenkleid? Durch meine Kraft wirst du von weiterem altem Codon erlöst.

Du wirst deine Führungskraft, die du in Wahrheit bist, endlich wieder voll anerkennen!"

Codon = genetische Informationen

Der Junge betrachtet Amethyst für lange Zeit, ohne etwas zu sagen oder sich zu bewegen. Eine Entscheidung, die sein Kurs im Menschenkleid ändern könnte. Er wird ganz still, fast statisch unbeweglich still. Er will die Konsequenz seiner Entscheidung fühlen. Amethyst lässt ihm Zeit und Raum. Nach geraumer Weile flüstert Amethyst dem Jungen seinen letzten Rat zu, während der sanfte, aber dennoch starke Klang ihn einhüllt:
„Ich bin deine Vollendung. Ich bin dein wiedergefundenes Paradies in dir. Ich bin dein Himmel auf Erden. Dein göttliches Prinzip, das sich in der Materie ausdrückt. Ein überaus weit vorangeschrittenes technisches und geistiges Bewusstsein öffnet sich dir mit meiner Zusammenarbeit. Die Primärfarben Rot und Blau ergeben die Kraft, die ich bin. Ich bin der Ausdruck deines Urquellenselbst in deinem Menschenkleid."

Der Junge löst sich langsam aus seiner Stille. Er sagt nichts, tief in seinem Innern hat er eine Entscheidung getroffen. Amethyst weiß es und schweigt ebenso. Die Wächter des Jungen machen sich bemerkbar. Sie treten schweigend zu seinen Seiten, um ihm aufzuhelfen. Auch sie werden vom Klang umhüllt.

Er schaut auf seine Wächter und denkt sich, dass das Intermezzo mit Amethyst von sehr kurzer Dauer war. Kurz, heftig, aber lässt nichts an Intensität zu wünschen übrig! Huch ...

Er steht auf, stellt sich vor den leuchtenden Amethyst. Er atmet ein paar Mal tief durch, wie immer, wenn er sich im Körper verankern will.

Amethyst ist groß und aufrecht. Er strahlt wieder dieses unglaublich kräftige violette Licht aus, das richtiggehend blendet. Amethyst hat nicht wirklich eine Form, er erscheint eher als lichtes Bewusstsein, so wie bei den Kristall-Gesichtern. Das Licht, ihr Strahlen, IST das Wesen.

Auf Augenhöhe, eingehüllt in den herrlichen Klang, der die Tore weit in sein eigenes Reich öffnet, antwortet der Junge schlicht: „Du weißt, ich habe mich entschieden, die endlosen Loops zu durchbrechen und nach Hause zu kommen. Ich öffne mich für die Transformation und die Umwandlung und Aktivierung der Lichtkristalle in meinem Menschenkörper."
Amethyst betrachtet den Jungen intensiv. Er leuchtet sein Licht direkt in seine Synapsen.
Der Junge hebt seine Hand, um anzuzeigen, dass es genug ist. Sofort zieht Amethyst seine Strahlkraft zurück.
Die Wächter stehen jetzt groß und stark neben dem Jungen. Es wird nicht mehr gesprochen. Sie schauen sich gegenseitig in ihr tiefstes inneres Wesen. Amethyst verbleibt auf der Stelle und nickt dem Jungen zu. Der nickt ebenfalls und wendet sich um. Sein Herzzentrum, sein galaktisches Zuhause, öffnet sich weit, während er sich abwendet. Der Schmerz dieser Herz-Öffnung ist gigantisch. Mit dieser kosmischen Liebeskraft, der Kraft der Wiedervereinigung seiner verstreuten Seelenanteile, muss er erst lernen umzugehen. Er spürt seinen Herzschlag, der sich mit dem All-einenden Herzschlag vereint. Er spürt den Puls dieser alles umfassenden Liebe, die sämtliche Schöpfung umfasst und beseelt.

Diese Kraft und Grenzenlosigkeit umarmt seit Gedenken jegliches Werden und Vergehen. Diese Kraft zerstört alles, was nicht in Harmonie schwingt.

Der Junge weint leise. Die ungeheure, unzerstörbare Kraft dieser Liebe ist erschütternd. Sie durchdringt sein ganzes Sein.

Die Entscheidung, die er gerade getroffen hat, wird alles verändern. Die Auswirkungen seiner jetzigen Entscheidung werden sich erst im Menschenkleid zeigen. Er weiß noch nicht, ob er das schaffen kann. Es scheint plötzlich, als hätte er eine schwere Bürde zu tragen.

Sein Blick heftet sich auf den Pfad, der vor ihnen liegt. Die Schwingungen der Musik hallen nach, um die Erinnerung von Amethyst wachzuhalten.

Der Junge bremst seine Wächter, die weiterschreiten, er muss einfach einen Moment stehen bleiben. Die Intensität von Amethyst und was diese Begegnung ausgelöst hat, muss erst richtig registriert und verankert werden.

Sie stehen ganz ruhig, fast bewegungslos, irgendwo inmitten der Regenbogenbrücke. Ohne Anfang, ohne Ende, ohne Oben oder Unten. Nur mit der Richtung des Seelenplanes, der auf seiner Karte eingezeichnet ist.

Wieder herrscht große Stille. Ruhe und Leere, in der sich der Junge neu sortieren kann. Die Stille, in der er sich mit den eigenen Gefühlen harmonisiert und mit ihnen in Kontakt bleibt.

Nach einer Weile nickt er den Wächtern wieder zu und still machen sie sich auf den weiteren Weg über den Regenbogen.

Der Junge mag nicht reden. Die Stimmung ist getrübt.

Je weiter sie über die Brücke schreiten, desto müder wird er. Zaghaft schaut er um sich und nimmt seine treuen Wächter, wie immer einen rechts und einen links auf seiner Seite, wahr. Sie schweben neben ihm her und lassen ihm genug Raum, um ihn nicht zu beeinflussen.

Er denkt intensiv über die Begegnung mit Amethyst nach.

Er entdeckt, dass ES für ihn denkt! Er runzelt die Stirn. Das ist neu. Aber bevor er sich über diese Entdeckung des Denkens äußert, muss er erst selber darüber nachdenken.

Während des Dahinschwebens beginnt er leise zu summen. Möglicherweise eine Nachwirkung der Klangschwingungen? Jedenfalls verbindet ihn das Summen mit seinem Zuhause und erhellt sofort seine Stimmung. Auch die Wächter schauen ihn an und sind froh, dass er seine wiederkehrende Melancholie ablegen kann.

Seine Wächter zeigen weder Gefühle noch persönliche Anekdoten, sie sind ganz und gar nur dazu da, seine Reise zu begleiten und die Gegenpole aufrechtzuerhalten, während der Junge Zeit im Menschenkleid verbringt. Sie dürfen nur im allernotwendigsten Notfall eingreifen, um ihren Schützling zu schützen.

Er erinnert sich an die letzte Reise und mehrere Reisen in früheren Leben, die er auf Erden verbracht hat. Die Menschen, während sie im Schattenland wohnen, spotten manchmal über die Regenbogenseelen. Ganz einfach, weil sie im Erdenkleid vergessen haben, dass auch sie über die Regenbogenbrücke gegangen sind. Ja diese Erinnerung macht ihn schon etwas traurig. Er wird sich etwas einfallen lassen müssen, damit er in seinem Menschenkleid gesehen und gehört wird. Immerhin vertritt er nicht nur sich selbst als Menschenwesen, sondern seine ganzen Sternengeschwister, die ohne Menschenkleid keine Stimme auf Erden haben.

Ohne Menschenkostüm wird die lichte, brillante Gegenwart leider von den wenigsten wahrgenommen. Dabei ist in dieser ewiggültigen Präsenz alles enthalten, was das Menschsein überhaupt ausmacht.

Er weiß nicht, wie lange sie bereits wieder unterwegs sind. Plötzlich nimmt er einen erfrischenden Duft wahr. Er hört fröhliches Plätschern, kann aber nichts dergleichen erkennen. Seine Sinne werden aufgefrischt und wachgeschüttelt.

In einiger Distanz schweben herrliche, silberne Blautöne auf ihn zu. Von hellem Blau bis hin zu königlichem Royal-Blau. Eine traumhaft schöne Undine schwebt auf ihn zu. Und gleich neben ihr wieder sein geliebter Meister Merlin. Große Freude kommt richtiggehend über ihn. Er beschleunigt seine Schritte. Die Wächter führen ihn auf die beiden strahlenden Wesen zu.

Undine = Ein Elementarwesen, Wassergeist, Nymphe

Blau

Die Undine trägt ein fließendes, wasserblaues, durchscheinendes Kleid. Es umhüllt sie einem Wasserfall gleich und zeichnet ihre feminine Figur wie eine Venus. Ein goldenes Band hält das fließende lange Kleid zusammen. Das goldige Band enthält wichtige Insignien. Diese Insignien verbindet sie mit anderen Sternensystemen. Das goldene Band funkelt prächtig und spiegelt sich in den vielen variierenden Blautönen ihres Kleides. Sie ist sehr groß und strahlt eine gewisse Autorität aus. Sie lächelt den Jungen freundlich an. Ihre Ruhe und Kraft sind Strahlen, die sie wie einen Fächer rundherum ausbreitet.

Als er sie so für längere Zeit betrachtet und auf sich wirken lässt, überkommt ihn ein großer Frieden. Er fühlt sich aufgehoben und angenommen.

Die Undine reicht ihm ihre Hände entgegen. Er zögert, nicht aus Angst, sondern weil ihr schimmerndes zartes Kleid jede Bewegung, die sie macht, auch mitmacht. Es ist so flimmernd zart, dass er es auf keinen Fall irgendwie beschädigen möchte.

Nach kurzem Zögern schreitet er leichtfüßig auf sie zu. Er nimmt ihre zarten durchsichtigen Hände, die sie ihm entgegenstreckt, und schaut sie einfach an. Er ist wie hypnotisiert von ihrer Schönheit. Die Undine deutet auf seine Wächter hin. Sie sollen ihr folgen. Für Merlin ist das kein Problem. Er weiß sowieso was jeweils geschieht, ohne vorher einen Plan zu bekommen.

Merlin nickt dem Jungen zu und kommuniziert telepathisch mit ihm. Hier scheinen Worte irgendwie überflüssig zu sein, oder aber ihren tieferen Sinn zu verpassen. Der Junge nimmt die freundlichen Hinweisungen des Meisters an und ergibt sich ganz der Undine.

Sie schwebt jetzt langsam weg und zieht den Jungen mit sich. Ihr Handgriff, der nichts festhält und dennoch alles in sich birgt, führt ihn an eine Wasserstelle. Merlin folgt ihnen und genießt das herrliche Paradies, das sich vor ihnen ausbreitet.

Sie schreiten über eine transparente, leicht gebogene kristallleuchtende Brücke. Die Brücke ist nicht sehr groß. Er schätzt ihre Länge an die 200 Meter oder etwas mehr. Das Geländer ist ebenfalls aus reinstem Kristall, das glitzert und strahlt. Das Geländer ist erfrischend und angenehm kühl, man kann bequem die Hände darauf ruhen lassen.

Der Junge schaut sich überall um, und immer wieder auf ihr fließendes Kleid, damit er auch wirklich nicht darauf steht. Die Undine betrachtet ihn, sie weiß um seine Besorgnis und Anerkennung für schöne Dinge. Er schaut sie an und sie schaut zurück, tief in ihn hinein, in sein ganzes Wesen.

Er lässt es geschehen, mittlerweile weiß er, wie das funktioniert. Auf dem Regenbogenlicht bleibt nichts verborgen oder oberflächlich. Man wird in jedem Departement erkannt für das, was man ist. Nicht für das, was man tut oder zu sein scheint.

Zudem hilf natürlich Merlins Gegenwart. Wo immer Merlin mit dabei ist, fühlt er sich sicher und voller Vertrauen.

Die Kristallbrücke übernimmt das Glitzern ihres goldenen Bandes, welches das Kleid der Undine zusammenhält. Das goldene Band sendet kaum hörbare Klänge aus, die mit der Kristallbrücke räsonieren.

Alles, was die Undine berührt, scheint in Bewegung zu geraten. Erst sanft und dann intensiver, je nachdem, was sie mit ihrem traumhaften Kleid berührt. Die Brücke scheint sogar zu sprechen, Versprechungen in Sternensprache und in Resonanz mit den Insignien, die am goldenen Band eingraviert sind.

Je weiter sie über die kristallene Brücke schweben, umso leichter wird ihm.

Er lässt die Last, die er seit der Begegnung mit Amethyst gefühlt hat, endlich wieder los. Er will diese Schwere nicht mehr auf seinen Schultern tragen.

Ein wunderbares Tal eröffnet sich ihnen. Ein großer Teich, ein zum Tagträumen lauschiges Fleckchen Paradies, eingeschlossen in den herrlichsten kunterbunten farbigen Blumen. Große Büsche in allen erdenklichen Formen und üppigen Farbschattierungen. Überall fliegen prächtige Paradiesvögel umher und manchmal verschwinden sie ganz im großen Blumenmeer. Ihr Gesang füllt die Luft mit leichter, fröhlicher Musik. Es ist weit mehr als nur gewohntes Vogelgezwitscher. Es ist eine Rhapsodie an die Fülle und Schönheit der Schöpfung.

Sobald sie die Brücke verlassen, beginnen die Vögel ein Lied zu Ehren der Undine zu zwitschern. Ein Willkommensgruß für die Undinen-Göttin, die alles belebt. Ihr Erscheinen bringt einfach alles zum Strahlen und zum Leben.

Der Junge ist hingerissen. Da könnte er immer bleiben. Es ist einfach zu schön, um überhaupt noch irgendwelche Wünsche offen zu haben. Er beobachtet Schmetterlinge, die lautlos dahinschweben und die fröhlichsten Tänze aufführen. Der Junge genießt die Gelegenheit, die gelben und sonst mannigfaltigsten Farben ihrer Flügelunterseiten zu bestaunen.

Manche Schmetterlinge haben bis zu dreifache Flügelsets. Hier scheint wirklich alles in Ordnung zu sein.

Der Junge kommt gar nicht mehr aus dem Staunen heraus. So muss das Paradies sein, so könnte er es sich vorstellen. Obwohl er ja das Wort Paradies nicht besonders mag, weil es mit so viel Erwartungen gefüllt ist. Aber dieser Ort hier kommt der Sache doch schon sehr nahe.

Die Undine lächelt nur, sie hat seine Gedanken gehört. Sie freut sich, dass es ihm hier so gut gefällt. Denn dies ist ein Ort, eine Reflektion in seinem eigenen Wesen, das an seinem Tag X auf Erden als Erinnerung wieder aufwachen wird.

Allerdings weiß er das noch nicht. Die Undine wird es ihm auch nicht sagen. Er wird es zu gegebener Zeit selber erfühlen.

Der Junge schaut sich nach Merlin um, der sich gerade mit ein paar Vögeln und Schmetterlingen unterhält. Alle Wesen lieben ihn. Wo immer er erscheint, geschieht Magie.

Merlin spürt den Blick des Jungen und wendet sich ihm entgegen. Gemütlich schlendert er auf den Jungen zu.

„Da, nimm ein paar Schmetterlinge."

Merlin reicht ihm einige farbenprächtige größere Schmetterlinge und legt sie dem Jungen auf die Schultern und auf seinen wilden Haarschopf.

Er lächelt und lässt es ruhig geschehen. Er fühlt die sanften, leisen Flügelschläge und genießt diese Symbiose.

Die Undine lässt seine Hand los und nickt Merlin zu. Merlin deutet dem Jungen, sich hinzusetzen. So setzt er sich neben seinen Meister und zusammen sitzen sie auf einer großen natürlichen Bank aus weichem Stein und ergötzen sich an der herrlichen farbintensiven Aussicht.

Noch immer kleben Vögel und Schmetterlinge auf dem goldenen Kleid des Meisters, es scheint wie einen Nektar auszusenden, der sie anzieht. Der Junge staunt und freut sich über die sanften, singenden und zwitschernden Wesen. Sie flüstern dem Jungen kleine Geheimnisse des blauen Strahls in die Ohren.

Er hört gespannt hin und beobachtet gleichzeitig, wie sich die Undine zum Teich hinbewegt.

Sie streckt anmutig einen Fuß in den Teich. Sofort kräuselt sich das Wasser und der Teich verfärbt sich golden.

Ihr traumhaftes Kleid fließt um sie herum, bedeckt den Boden und verwandelt alles in eine Traumwelt.

Der Junge schaut selbstvergessen zu und lehnt sich an seinen Meister Merlin. Er braucht die Nähe und die Sicherheit seines Meisters. Er ist so fasziniert, dass er sich gar nicht mehr auf das Flüstern der Schmetterlinge konzentrieren kann.

Die Undine hüllt alles in ihre starke Gegenwart und verbindet alles mit allem.

Jede Blume, jeder Strauch, alles, was hier wohnt, beginnt zu leben und richtet sich auf. Ein großer weiß-goldener Schwan, den

er vorher nicht bemerkt hat, erscheint plötzlich und schwimmt direkt auf ihren Fuß zu. Weitere Schwäne folgen. Der erste Schwan, etwas größer als die anderen, beginnt mit der Undine zu kommunizieren. Eine stille Sprache, die nicht jeder versteht. Es ist die Herzsprache. Man versteht ihre Bedeutung nur mit dem Herzen. Diese Stimme ist das Wissen, das aus dem diamantenen Lichtstrahl direkt in die blaue Sonnenkraft geliefert wird.
Merlin lächelt. Er hat die Gedanken seines Jungen gehört. Und natürlich versteht er die Sprache des Schwans.

Das ist, was der Schwan spricht:

„Junge, Junge, ich bin das, was du dein Paradies nennst. Ich bin deine Gegenwart im Jetzt – deine JETZT-Gegenwart. Der omnipräsente Ausgangspunkt deines Glücklich-Seins. Glücklich sein ist nicht ein Ort, nicht gestern, heute oder morgen. Glücklich sein ist, sich selbst erkennen, die innewohnende Tiefe fühlen und mit sich selbst nach Hause kommen. Weit, weit über dem Horizont der menschlichen Wahrnehmung. Das ist das angebliche Paradies!"

Der Schwan schaut den Jungen genau an und hält seinen langen Hals etwas schief. Dann spricht er weiter:

„Wir Schwäne sind wie Engel in anderer Gestalt. Wir sind aus den geistigen Ebenen der Engel, die in Körpern erscheinen. Wir helfen den Menschen in Übergangssituationen, in der auch du dich befindest. Unsere erhabene Energie hilft auch bei Neubeginn und so verhelfen wir zu einem neuen Lebensgefühl. Ach ja, und wir machen darauf aufmerksam, dass es nicht wirklich ein hässliches Entlein gibt. Wir sind von Licht durchflutete Wesen, voller Stolz und Grazie. Unser lichtes Sein dringt in jeden nur erdenklichen Winkel einer jeweiligen Wirklichkeit. Weißt du, das hässliche Entlein ist ein Symbolbild eines Kindes, oder eines Wesens, das die Schönheit seiner Seele verleugnet und nicht entfalten kann. Das hässliche Entlein ist das, was du über dich selber denkst, der limitierten Illusion dessen, was du zu sein scheinst. Der stolze Schwan ist, was du wahrhaftig bist! Ist alles sehr symbolträchtig, nicht?"

Der Junge hat fasziniert hingehört. Der Schwan schwimmt näher, damit der Junge seine schönen Federn berühren kann. Er streichelt den langen Hals des stolzen Schwanes. Die Federn sind weich und sehr geschmeidig, es fühlt sich ähnlich an wie Seide. Die schwarzen Augen des Schwanes beobachten den Jungen und folgen jeder seiner Bewegungen.

„Möchtest du mit mir auf eine Reise kommen?"

Oh, unsicher schaut der Junge fragend erst auf Merlin, dann auf die schimmernde Undine. Sie scheint ihr Licht immer weiter auszustrahlen. Seine Wächter sind ganz nahe bei ihm. Sie nicken. Der Schwan schaut tief durch den Jungen hindurch, so, wie die Undine es vorhin tat. Und wieder lässt er es geschehen.

Als der Junge nicht antwortet, fordert der Schwan den Jungen noch mal auf:

„Steig auf, ich trage dich in dein eigenes Paradies."

Noch zögert er, aber die Undine lächelt ihn an und Merlin bestätigt mit einem Nicken. Die Wächter kommen mit. Sie sind immerhin ein Teil des Wesens des Jungen. Also kommen sie auch mit in sein Paradies.

So steigt er auf den stolzen Schwan, die Undine hilft ihm beim Aufsteigen, damit er das Gleichgewicht nicht verliert.

Als sich der Schwan versichert hat, dass der Junge richtig sitzt, schwimmt er sorgfältig los. Nun betrachtet der Junge die Schönheit und Vielfalt der ihn begleitenden Umgebung aus einer neuen Perspektive. Er ist wie betrunken von so viel Schönheit. Alle seine Sinne tauchen ein in diese Üppigkeit.

Je weiter er auf dem Schwan davongetragen wird, umso seltsam ruhiger wird er, nur sein Herzschlag beschleunigt sich etwas.

Trotz der unglaublichen Ruhe ist alles in Bewegung. Jedes Ding bewegt sich im eigenen Rhythmus und ist doch gleichzeitig eins.

Merlin und die Undine beobachten die beiden, wie sie still davongleiten. Die Undine legt ihr glitzerndes Kleid wie einen Schleier über den Teich. Der Junge und der Schwan verschwinden hinter dem Schleier in die formlose Lichtwelt des Atman. Die Wächter bleiben beim Jungen und schweben lautlos neben ihm her.

Atman = Die unsterbliche Seele, die keinem Kreislauf mehr unterworfen ist

Je weiter die beiden davongleiten, umso mehr verändert sich der Teich. Er wird immer größer, bis er sich öffnet und sich in ein goldenes Meer verwandelt. Der Schwan wird größer, stolz und mächtig führt er den Jungen in das weite, stille, goldene Meer. Der Junge atmet kaum, sein Herz scheint einen eigenen Rhythmus bekommen zu haben.
Er fühlt sich im Einklang mit allen Dingen. Keine Ablenkung, es herrscht absolute Stille. Nur das Gold, das glänzt, so weit das Auge reicht. In dieser großen Stille gleiten sie weiter dahin. Der Junge spürt, dass sein Führerschwan stark in eine Richtung gleitet. Den Jungen beschleicht eine Vorahnung, er richtet sich ganz gerade auf.
In der Distanz erblickt er eine Bergkette. Die Bergspitzen sind ebenfalls in Gold gehüllt wie bei einem mächtigen Sonnenuntergang. Er betrachtet die majestätischen Gipfel, die leuchten und ihr Licht verbreiten und sich über ihnen im Himmel sowie im Wasser spiegeln.
Die Berge vermitteln ihm ein Gefühl großer Sicherheit und des Schutzes. Er spürt Liebe, die von den weisen Gipfeln ausgeströmt wird.
Er schaut sich jetzt etwas mutiger um. Im Wasser ist keine Bewegung zu sehen, nicht mal eine klitzekleine Welle.

Gerade als er sich dieser absoluten Stille bewusst wird, taucht plötzlich ein riesen Orca-Walfisch völlig geräuschlos direkt vor seinem Gesicht auf. Der Junge erschrickt mächtig und fällt fast vom Schwan.

Nur der riesige Kopf des Orcas taucht aus dem goldenen Wasser. Die einzigen Farben, die im goldenen Meer zu erkennen sind, sind Schwarz und Weiß. Die distinkten Farben des Orcas. Der Walfisch tauchte so ruhig auf, dass nicht mal eine Bewegung im Wasser zu sehen ist. Wie ist das möglich? Der große Kopf des Orcas, absolut bewegungslos, schaut dem Jungen direkt in die Augen. Der Junge hält dem intensiven Blick des Orcas stand. Er wagt kaum zu atmen. Die Stille ist gigantisch. Das Bewusstsein des Jungen verschwindet in den Augen des Orcas. Wie ein Vortex wird er eingezogen, bleibt aber gleichzeitig in der Betrachter-Position, außerhalb des Orcas. Lange, lange schauen sich die beiden an, der Junge und der Orca, der das alte kosmische Wissen hält und behütet und als Stütze des universellen Gedächtnisses dient. So wie die Bergspitzen im goldenen Licht ihr Wissen nur dem Auserwählten preisgeben.

Noch immer ist kein Geräusch zu hören. Die Stille nimmt den Jungen auf und hier erkennt er sein eigenes, originales Wesen, das er immer sein wird. Die Essenz, die nie vergeht. Die Ursuppe, die Ursubstanz, das JETZT, das ihn mit seiner Wahrheit verbindet. Durch alle Äonen.

Der Führer Schwan verhält sich komplett still.

In dieser gigantischen Stille hört der Junge die Stimme seiner eigenen Magie in der Dunkelheit seines Unbewussten. Beruhigende Wellenbewegungen führen ihn in die absolute Traumzeit … in die Mysterien der Nichtzeit …

Inmitten dieser lange währenden Einweihung singt der Wal nur einen einzigen Ton, ohne seinen intensiven Blick mit dem Jungen zu unterbrechen. Der Ton des Orcas begleitet ihn durch die Traumzeit, in der er sich befindet.

Eine universelle Stimme echot durch die gigantische Stille.

„Ich bin das Paradies, das Urparadoxon, ich bin das Zentrum aller Existenzen, Universen und Galaxien.
Aus mir ist der erste Gedanke entstanden ...
Ich bin das Herz aller Dinge ...
Ich bin kein Ort ...
Ich bin kein Wesen ...
Ich bin Bewegung ...
Aus mir bist du geboren worden ...
Ich bin das Nicht-Ding ...
Ich bin nicht das Nichts! ...
Ich bin Manifestation ..."

Das Echo schweigt und jegliches Geräusch wird von der Stille verschluckt.

Nach langer Zeit, die sich wie eine Ewigkeit anfühlt, schlüpft der Junge zurück aus dem Auge des Orcas und zurück aus der Traumzeit.

Und so plötzlich und absolut geräuschlos, wie er erschienen ist, so plötzlich taucht der Wal wieder mühelos und leise ab.

Er war da, er ist nicht mehr da.

Keine Wellen zu sehen, kein Geräusch des Wassers zu hören.

Das geht so schnell, dass der Junge seinen Blick immer noch auf das Auge des Orcas gerichtet hält, das ja gar nicht mehr da ist.

Es ist dem Jungen ein Rätsel, wie schnell und geräuschlos alles vonstattengeht.

Er verweilt weiterhin in dieser mysteriösen hypnotischen Stille. In seinem eigenen Jetzt-Moment. Dieser Augenblick war zu großartig und zu intensiv, um ihn einfach so zu verlassen.

Der Schwan spreizt leise seine Flügel in ihre ganze Spannweite, um sich von der Intensität des Moments zu lockern. Er putzt seinen Hals, den er ganz still gehalten hatte, um den Jungen nicht zu stören. Er putzt und schweigt und spricht nicht mit dem Jungen. Bei seinem Putzritual verliert er einige Federn, die still auf dem goldenen Meer dahinschweben. Das Gold spiegelt sich auf den herrlich weißen Federn. Träumend schaut der Junge den dahinfließenden weißen Federn nach. Dieser Anblick erinnert ihn an ein prächtiges Kunstobjekt.

Die Bergspitzen werden langsam dunkler, aber das Wasser bleibt golden. Die treuen Wächter, die das alles auch beobachtet haben, nähern sich vorsichtig dem Jungen.

Es scheint ihm, als würde er, wie in Zeitlupe, aus einem langen Traum erwachen. Er beginnt wieder zu atmen, flach erst, aber dann richtig tief, um das Bewusstsein mit seinen feinstofflichen Körpern zu verbinden.

Aus dem Gedächtnis der Ewigkeit geboren. Aus dem Ozean des noch unstrukturierten Bewusstseins zu neuem Leben erweckt.

Diese Gedanken schwirren durch sein Wesen und abwesend tätschelt er die schönen, strahlend weißen Federn des stolzen Schwans. Noch immer spricht niemand.

Langsam wendet sich der Schwan wieder in die Richtung, aus der sie gekommen sind. Der Junge setzt sich reisefertig, aber gedankenverloren auf seinen Schwan. Er hat jeglichen Sinn für eine Richtung verloren. Er ist dankbar, dass er dem Schwan die Führung überlassen kann.

Schweigend gleiten sie auf den Vorhang zu, den die Undine über die paradiesische Landschaft ausgebreitet hat. Was hinter ihrem Schleier geschieht, ist nur für Eingeweihte bestimmt. Wer nicht für würdig befunden wird, wird weder von der Undine noch vom Schwan in die tiefen Mysterien des Lichts geführt.

Nach langem stillem Zurückgleiten erkennt er den glitzernden, hellen Schleier der Undine.

Die schöne stolze Undine wartet lächelnd auf die beiden und öffnet ihren magischen Schleier, damit sie hindurchgleiten können. Die Stille wird jetzt unterbrochen von sanften Wellen, die vom Schwan ausgelöst werden und die ans Ufer plätschern.

Sie landen am Ufer und der Junge steigt von seinem Führer. Die Undine streicht dem Schwan liebevoll über die weichen Federn und sie wechseln Sternenworte, auf die der Junge gerade nicht achtet. Merlin ist von seiner Bank aufgestanden und begrüßt ihn zurück.

Der Junge schaut sich um, aber er mag noch nicht reden. Er staunt erneut über die herrliche Farbenpracht dieser Landschaft. Es erscheint ihm noch farbintensiver nach der stillen Reise durch das goldene Meer.

Selbst das Wasser, das ihn begrüßt, plaudert und kichert fröhlich. Das Plätschern des Teichs erzählt die Geschichte des Jungen, und wer es hören will, der hört zu. Das Erzählen zieht die paradiesischen Vögel an und sie setzen sich zum Jungen und flattern um ihn herum und zwitschern sein Seelenlied. Selbst die Bäume hören die Geschichte vom Orca und gratulieren dem Jungen.

Er und Merlin schlendern zurück zur Bank und fröhliches Treiben erfüllt die Landschaft.

Alles erscheint neu aufzuerstehen.

Die Schwäne schwimmen im See umher, der große Schwan mitten unter ihnen. Zusammen tanzen sie den Tanz der Harmonie. Immer in gleichen rhythmischen Bewegungen tanzen sie und drehen sich synchron miteinander, so als hätten sich alle Schwäne miteinander abgesprochen. Die Ästhetik und Schönheit der unausgesprochenen Kommunikation des Schwanentanzes faszinieren den Jungen. Es passt perfekt zu seinem Orca-Erlebnis.

Die Undine schwebt den beiden Sitzenden entgegen und beginnt in Sternensprache zu sprechen, die der Junge plötzlich versteht. Er schaut überrascht auf Merlin, wie kommt es, dass er diese Sprache versteht?

Der Meister lacht fröhlich.

„Was denkst du, was da geschehen ist in deiner Begegnung mit dem Orca?"

Der Junge antwortet nicht. Also spricht Merlin weiter:

„Er hat dir viele Geheimnisse übermittelt und deine Lichtkodierungen aktiviert. Das war eine Begegnung der dritten Art, darauf darfst du gewaltig stolz sein!"

Merlin umarmt den Jungen kameradschaftlich. Der Junge lächelt, aber weiß nichts zu sagen. Er ist geschmeichelt. So ganz kann er noch nicht nachvollziehen, was da im goldenen Meer geschehen ist.

Die Undine wiederholt das Gesagte und diesmal hört der Junge gut hin:

„Weißt du, hübscher Junge. Bei uns ist alles in göttlicher Ordnung geregelt. Wir sind die blauen Farbschattierungen, die das Bewusstsein eines jeden Wesens, auch das des Menschen, aktivieren, wenn etwas blockiert ist oder stagniert. Du verstehst jetzt unsere Sternensprache, weil dir der Orca den Kanal zur Kommunikation der Ur-Sonne geöffnet hat. Diese Sternensprache, oder auch Lichtsprache genannt, wirst du auch im Menschenkleid sprechen und verstehen können. Indem du diese unsere Sprache sprichst, wirst du direkt mit uns Informationen austauschen können."

Die Undine schaut ihn an, ob er verstanden hat.

Auch Merlin schaut ihn an und lächelt.

Der Junge antwortet etwas verlegen:

„Aber ja, ich habe es verstanden. Sie ist seltsam, diese Sprache. Ich liebe sie. Ich verstehe diese Sprache mit meinen Gefühlen, nicht mit meinem Kopf."

„Das hast du schlau beobachtet. Es sind Energiesprachen, die einem geometrischen Lichtcode folgen und deshalb nicht als Worte, sondern als Schwingungen wahrgenommen werden. Dort werden sie direkt von der Zellstruktur erkannt und die elektrischen Energien im Körper folgen diesen Anordnungen. Lichtsprache, wie das Wort bereits erwähnt, kommt aus den lichten Universen und verkörpert das heilige Wissen des kosmischen Farbspektrums und die heilige Geometrie des Universums. Die Lichtsprache kennt das Wissen der Blume des Lebens! Diese Sprache ist reine Energie und spricht durch das Energiefeld von allem Lebendigen."

Der Junge lächelt, eine tiefe Freude sprudelt aus seinem innersten Wesen. Diese Sprache ist ein großes Geschenk, das er in sein

Menschensein mitnehmen darf. Wenn er sie dermal einst in seinem Erdenkleid sprechen wird, weiß er, dass er direkt mit seinem inneren Paradies verbunden ist.

Am liebsten würde er jetzt gleich eine Pirouette drehen, weil er so glücklich ist! Das Glück muss sich irgendwie ausdrücken können.

Merlin und seine Meisterin lächeln, die Vögel intensivieren ihr Gezwitscher, es scheint, als hätte sich alles um eine Oktave höher eingestellt. Oder nimmt er plötzlich alles erweitert wahr?

Die Undine spricht weiter:
„Unsere Lichtsprache verbindet dich mit dem Quell des Eins-Seins. Es ist die Stille, die gigantische Stille der hohen geistigen Wirklichkeiten. Unser blauer Lichtstrahl löst, was im Wege steht zwischen dir und deiner Quelle. Unser blauer Lichtstrahl bringt wieder in Ordnung, was aus der Ordnung gefallen ist."

Das waren wunderschöne Worte, er murmelt sie leise nach, um sie zu fühlen:
„Das blaue Licht bringt wieder in Ordnung, was aus der Ordnung gefallen ist."
Er geht ganz auf in diesen schönen, wohltuenden Worten.

Der Junge hat nun doch einige brennende Fragen, die er an niemand Bestimmten richtet.
„Aber haben die Menschen nicht alle ihre Orientierung, welche möglicherweise eine gewisse Ordnung darstellt, verloren?
Wie viele Seelen mögen sich denn noch an ihre Vollendung erinnern?
Sind wir alle aus dem Paradies gefallene Lichtfunken?
Oder sind wir nur eine Erinnerung, ein Hologramm des Paradieses, das wir doch nie verloren haben? Aber es geglaubt haben?
Hat man das den Seelen eingetrichtert?
Und wenn ja, WER hat den Seelen die Erinnerung weggenommen?"

Merlin ist erstaunt über den Schwall der leicht traurigen Fragen seines Jungen. Jetzt, wo er sich doch gerade so glücklich gefühlt hat.

Er legt seinen Arm wieder um ihn und tröstet ihn: „Eines Tages, irgendwann einmal, mein Junge, werde ich dir mehr über die Geschichte erzählen. Aber jetzt genieße den Augenblick. Einmal im Menschenkleid, wirst du viele alte Mysterien entdecken. Wir führen dich in die universelle Bibliothek, damit du die Magie und das Wissen selber wieder erleben kannst. Darauf solltest du dich freuen! Du wirst dich wieder erinnern ... glaube mir!"

Die beiden schauen sich an. Der Junge steht auf, dreht seine Pirouette und spürt sowohl die tiefe Freude sowie die kollektive Traurigkeit, die sich über die Menschheit, über das Schattenland, gelegt hat. Dann setzt er sich wieder zu seinen Mentoren, legt seinen Kopf an Merlins Schulter und ist froh über des Meisters Trost.

Die Undine schweigt und schaut in die Ferne. Sie betrachtet ihre paradiesische Landschaft. Unerwartet nimmt sie ihr Kleid in beide Hände und schwingt es weit über die ganze Landschaft. Dabei dreht sie sich einmal um sich selbst, eine Pirouette, wie sie gerade der Junge vollführt hat. Diese Wirbel-Drehung hinterlässt einen feinen glitzernden Staub, der die Landschaft einhüllt. Es sieht aus wie Millionen und Abermillionen Wassertropfen, in denen sich das Licht des Regenbogens reflektiert.

Der Junge steht von der Bank auf, diese Faszination muss er unbedingt genauer sehen. Die Schmetterlinge und Paradiesvögel fliegen weiter, als wäre das das Normalste jeden Tag.

So ist das aber nicht. Die schöne Undine hat dieses Spektakel extra für Merlin und vor allem für den Jungen produziert.

Sie beobachtet den Jungen wieder, der ganz fixiert diese Pracht bestaunt. Seine Hand ruht auf Merlins Schulter. Die Schmetterlinge sitzen auch immer noch auf seinen Schultern, aber wollen jetzt im Reigen mit den anderen in das Glitzern eintauchen. Der Junge winkt fröhlich, als er ihnen zuschaut, wie sie in das glitzernde Licht verschwinden.

Der Junge würde gerne noch einmal über die Kristallbrücke gehen, vor allem jetzt, wo sie ebenfalls im Glitzer eingehüllt ist. Er weiß, dass dort noch eine Kleinigkeit an Erinnerung auf ihn wartet. Kaum hat er den Gedanken gedacht, kommt auch schon die Antwort der Undine. Sie spricht nicht, hält ihm aber ihre durchscheinenden Hände entgegen. Ihr Kleid ist von solch ehrfurchtgebietender Schönheit, dass er geblendet ist und ihr blind folgt. Sanft führt sie ihn auf die Kristallbrücke. Ein leichter, sehr sanfter Windhauch streichelt sein Gesicht.

Die Schwäne sind ihnen gefolgt und versammeln sich unter der Brücke und um die Brücke herum.

Er nimmt alles traumwandlerisch wahr.

Hier darf er noch ganz Kind sein, er darf sich vertrauensvoll führen lassen und sich hingeben. Er spürt den starken Schutz, der ihn umgibt. Auch spürt er den Wächter auf seiner rechten Seite. Den Wächter, den er als Lichtkrieger wahrnimmt. Die Kräfte des Wächters werden hier gereinigt und mit dem höheren Willen vereint.

Befreiende Macht löst die verkrampfte Verantwortung ab. Der Junge bestaunt den schnellen Wandel, den sein treuer Wächter erlebt.

Fasziniert schaut er zur Undine, die ihn nun auf die Brücke gebracht hat. Sie lässt seine Hand los und er hält sich am kristallenen Geländer fest. Er sieht die Schwäne unter der Brücke und lächelt ihnen zu. Er steht zum ersten Mal alleine auf der herrlichen Brücke inmitten dieses Paradieses.

Er schließt wie immer, wenn er etwas intensiv aufnehmen möchte, die Augen.

Mit geschlossenen Augen sind alle seine Sinne offen, die Wahrnehmung steigt. Er riecht den herrlich süßen Duft der Blumen. Er hört dem Plätschern des Wassers zu, hört die Schwingungen der Brücke, die einen leichten Klang abgibt. Er hört die beinahe lautlosen feenhaften Schmetterlinge und den fröhlichen Singsang der herumfliegenden Vögel. Alles nimmt er intensiv wahr.

Der Raum, die ganze Landschaft, scheint ihm eine Botschaft zu vermitteln, nur flüsternd, aber klar wahrnehmbar: „Ich bin der blaue Strahl der Weisheit, der durch dich wirkt. Ich durchströme dein Wesen und schenke dir Gelassenheit und Frieden. Ja selbst Gedankenleere, damit du endlich lernst, nicht alles zu hinterfragen oder analysieren zu wollen. Achte vermehrt auf deine Gefühle, denn sie werden dich führen. Lass deinen Verstand öfters ruhen."

Er gibt sich ganz der sanften Stimme hin. Sie kommt nicht aus einer bestimmten Richtung, sie scheint gleichzeitig überall zu sein. Die Undine nimmt ihr Kleid und dreht sich noch einmal. Der Junge öffnet kurz seine Augen, weil er sie gespürt hat. Ihr Kleid wirkt wie ein Zauber.

Durch diese erneute Drehung hat sich für ihn, wie ein Zeitfenster, ein Loch geöffnet, in dem sich sein zukünftiger Seelenplan im Menschenkleid preisgibt. Dieses steht nur für eine sehr kurze Zeit offen.

Intuitiv nimmt er wahr, was er anschauen soll. Es ist ihm erlaubt, in seine Zukunft auf Erden zu schauen. Er ist sprachlos.

Sein Lebensfilm zeigt ihm schwierige Situationen, mit denen er emotional fertig werden muss. Er fühlt Beklemmung. Es scheint, als wolle er möglichst viel in diesem einen Erdenleben erledigen.

Er seufzt schwer, gefällt ihm gar nicht alles, was er zu sehen bekommt!

Merlin und die Undine beobachten ihn und sehen, wie er seine Augen zusammenkneift, wenn's ganz happig wird, oder er sich manchmal an die Brust fasst. Zwischendurch hört man Ausrufe wie: „ohhh nein aber auch" oder „neee, muss das wirklich sein?" oder ganz schlimm: „sh…phew!"

Er ist völlig absorbiert in seinen Beobachtungen und lehnt sich tief in das Fenster hinein.

Aber je länger sein Lebensfilm dauert, umso besser beginnt er ihm zu gefallen und er beginnt, sich wieder etwas zu entspannen. Es ist, wie der Regenbogen versprochen hat. Gerade wenn er alles aufgeben möchte, er nicht mehr leben möchte und seine

Lebenskraft am Ende scheint, kommt ein radikaler Richtungswechsel. Kaum hat er diesen Richtungswechsel gesehen, wird das Fenster der Zukunft wie eine Klappe sofort wieder geschlossen. Der Junge erschrickt über diesen abrupten Wechsel. Er zieht sich aus seinen Betrachtungen zurück und stellt sich aufrecht hin.

Er schließt die Augen wieder, er ist noch etwas benommen von den zukünftigen Blitzmomenten, die ihm aufgezeigt wurden. Er atmet tief durch und lässt sich vom blauen Strahl und den vielen Eindrücken beruhigen. Noch immer hält er sich am kristallenen Geländer fest. Er atmet so lange, bis er die tiefe Verbundenheit mit seiner ausgedehnten Quelle wieder fühlt und ihn Gelassenheit umgibt.

Sein Krieger-Wächter berührt ihn kaum merklich. Sie sind in diesen Momenten im blauen Strahl neu zusammengewachsen. Sie sind eins geworden. Ohne sich umzudrehen, hebt der Junge seine Schulter ganz leicht, um dem Wächter anzuzeigen, dass er ihn gespürt hat. Noch hält er die Augen geschlossen, um sich wieder den Düften und Geräuschen hinzugeben. Er will unbedingt noch eine Weile auf dieser magischen Brücke bleiben.

Das war schon etwas heftig, seine Zukunft dermal einst im Menschenkleid zu sehen. Das bestätigt seine Gefühle, absolut nicht ins Schattenland zu wollen! Wenn er nicht im blauen Lichtstrahl der Undine verweilen würde, würde er kurzentschlossen seinen Weg zur Erde terminieren wollen! Der letzte Eindruck des Films hilft ihm, an ein gutes Auskommen zu glauben. Er denkt an Amethyst, der sich just im Moment des Aufgebens melden wird und dann eine Kehrtwendung seines Lebensplanes erfordert.

Er denkt über alles nach und schüttelt sich leicht. So als wollte er das Gesehene wegschütteln.

Das Wasser unter der Brücke fließt unentwegt weiter ans Ufer und bringt die neusten Neuigkeiten des Jungen ans Land.

Der Junge will diesen erlebten Frieden, sein inneres Paradies, mit auf seine Reise nehmen. Er will nicht mehr von dieser Erinnerung der Stille und der inneren Ruhe getrennt werden. Er trifft die Entscheidung, die schöne göttliche Undine um diesen Gefallen zu bitten. Er wird etwas Mut aufbringen müssen, denn normalerweise muss man die Erinnerungen abgeben, sobald man das Regenbogenkleid auszieht und sich ins Menschenkleid stürzt.

Sein Wächter schubst ihn wieder kaum merklich, als möchte er ihm andeuten, dass er ihm mit Mut helfen werde. Der Junge ist erstaunt, seine Wächter haben sich nie eingemischt oder sich nur selten bemerkbar gemacht.

Er öffnet nun die Augen und betrachtet seinen Krieger-Wächter. Da muss etwas abgelaufen sein, das ihm völlig entgangen ist. Er legt seine Hand auf den Arm des Wächters und lächelt. Er ist total erfreut, er weiß mit absoluter Sicherheit, dass er diese Erinnerung mitnehmen darf. Die Undine wird es ihm erlauben!

Ein freudiger Seufzer entweicht ihm. Die Schwäne schauen kurz auf die Brücke, weil sie diese Freude und Erleichterung des Jungen empfangen haben. Er schaut sich nochmals gründlich um, winkt den Schwänen zu und wendet sich dann, um zurück zu Merlin zu gehen. Die Undine empfängt ihn am Brückenende und hält ihm wieder ihre zarte Hand entgegen. Kaum hält er ihre Hand, spürt er die Bestätigung ihrer Antwort. Er muss sie gar nicht erst fragen.

Sie lächelt ihn an und antwortet in Lichtsprache:
„Natürlich, mein Junge, du darfst diese wichtige Erinnerung behalten. Sie wird dir Kraft, Ausdauer und Gelassenheit schenken, wenn du den Durchblick im Menschenkleid verlieren solltest. Ich werde dich begleiten, die ganze Zeit. Du wirst es aber nicht bemerken und mich auch nicht sehen. Aber meine Erinnerung, mein Wesen ist in deinem Körper gespeichert. Ich bin das Wesen, das Element Wasser, das über drei Viertel in deinem Menschenkörper ausmacht! Das Wasser in deinem Körper kann blockiert sein oder aber fließen. Wenn es fließt, bist du ganz mit deinen sieben Sinnen verbunden und du bist im Lebensfluss.

Meine Wassermoleküle erhalten die Erinnerung in deinen Zellen wach! Wenn es aus irgendwelchen Gründen, und deren gibt es genügend, während du im Menschenkleid wohnst, nicht mehr fließen sollte, dann rufe mich."
Sie schaut ihm tief durch seine Augen hindurch und lächelt.

Ahhh, ihre Stimme. Wenn er diesen Klang doch auch mitnehmen könnte. Der süße Klang des Mutes und des Trostes. Ihre Stimme ist so süß, so stark, so schwingend, so berauschend und entzückend. Wie ein Plauderbächlein, das über die Wiesen hüpft. Wie der Wind, der in den Bäumen rauscht, wie ein Traum, aus dem man nicht mehr aufwachen möchte.

Die schöne Undine lässt ihr Kleid für ihn strahlen, sie hat natürlich seine Gedanken sehen können. Sie färbt ihr Kleid in das schönste klarste Royal-Blau, um ihn ganz in diesem königlichen Licht und in ihrer Gegenwart einzulullen.

Während er sich sehr gerne einlullen lässt, führt sie ihn über die kristallene Brücke zurück zur Bank, auf der Merlin sitzt und das Ganze beobachtet hat.

Merlin hat noch eine letzte Botschaft für ihn, während sie im blauen Lichtstrahl verweilen.
Aber zuerst nimmt er den Jungen und hilft ihm, sich zu setzen. Er ist wirklich leicht „lullig", stolpert Merlin entgegen und fällt ziemlich ungraziös direkt auf die Bank. Die Undine hält ihn in ihrem Kleid und zum ersten Mal setzt sie sich ebenfalls auf die Bank zu den beiden hin.
Ein Bild der Andacht. Die Schwäne betrachten ihre Undine, wie sie neben dem Jungen und dem großen magischen Meister sitzt.
Das Glitzern, das die Undine mit ihrem Kleid verursacht hat, hält immer noch an, wird jetzt aber doch etwas weniger.

„Du hast jetzt so einiges aus einer übergeordneten Perspektive betrachten können. Diese Sicht der Dinge wird dich im Menschenkleid begleiten. Leider werden nicht viele Menschen verstehen wollen, wovon du sprichst. Sie werden deine erweiterte Sprache nur bedingt erkennen. Gib ihnen Zeit, auch sie werden sich eines Tages an ihr Paradies erinnern. Das Paradies als den Ort der Schöpfung, aus dem die Dinge entstanden sind. Du wirst ihnen helfen, durch ihr eigenes Fenster schauen zu wollen. So wie du es hier getan hast. Die Zeit auf Planet Erde ist jetzt reif für einen gewaltigen Paradigma-Wechsel. Deshalb wurde dein Krieger-Wächter mit den nötigen Kodierungen aus- und aufgerüstet, um dir mit viel Kraft und Mut zur Seite zu stehen. Ihr drei seid ein tolles Team. Deine Wächter und du! Wir sind mächtig stolz auf euch."

Zur Unterstützung seiner Worte drückt er den Jungen noch mal herzlich. Es fühlt sich ganz väterlich an. Der Junge schaut auf seinen geliebten Meister und flüstert ein einfaches Dankeschön. Es erscheint ihm, als wäre die schöne Undine, das nicht Greifbare und doch so Magische eine kosmische Urmutter. Während sich Merlin als magischer kosmischer Vater anfühlt. Und er, kleiner Junge, alte Seele mittendrin.

Der Junge lächelt bei diesem Gedanken.

Auch wenn seine Gedanken gehört wurden, wird nicht darauf geantwortet.

Die Stille legt sich über die fröhliche, bunte, farbenprächtige Seelengarten-Landschaft. Ein intensiver Besuch im blauen Lichtstrahl kommt seinem Ende entgegen.

Mitten in dieser friedvollen, stillen Szene erscheint eine übergroße Lichtemanation.

Herrschaftlich und ehrfurchtgebietend bleibt die Emanation schwebend über dem Teich stehen. Das Licht ist umrahmt von einer Entourage Engel, die einen mächtigen universellen Fürsten begleiten.

Dem Jungen bleibt fast das Herz stehen vor lauter Überraschung. Eine seltsame Schwingung liegt in der Luft. Sprichwörtlich ...

Die Undine und Merlin stehen sofort auf, um den Fürsten Michael, das große Licht, zu begrüßen. Fürst Michael steht inmitten seiner großen Gefolgschaft, er ist in royal-saphir-blauer Kleidung erschienen. Gleichzeitig ist die kosmische, stattliche Erscheinung umhüllt von goldenem Licht. Das Lichtschwert, das in seiner Hand ruht, strahlt unglaubliche Macht aus. Es ist das Schwert der Gerechtigkeit, der Unterscheidung und des Mutes! Der Fürst trägt eine strahlend blaue Uniform mit goldenem Gürtel und goldenen Knöpfen dekoriert.

Es fällt dem Jungen auf, wie das Kleid der schönen Undine und Michaels Uniform sich ähneln.

Wellen intensiven, elektrisch geladenen blauen Lichtes strahlen über die ganze Umgebung.

Fürst Michael winkt dem Jungen, etwas näher zu kommen.

Zögernd, erst die Undine und dann Merlin anschauend, steht er auf und nähert sich dem Ufer des Teichs. Er kann nicht schweben und einfach in der Luft stehen bleiben wie der mächtige Fürst und seine Entourage.

Natürlich weiß das Michael bereits und winkt ihm noch mal zu.

So bleibt er am Ufer stehen und staunt über die enorme Erscheinung dieser Lichtemanation. Er schaut zurück zu Merlin und der Undine. Dann zurück zu Michael.

Fürst Michael streckt sein strahlendes Lichtschwert in die Richtung des Jungen. Der erschrickt zuerst, lässt es aber gewähren. Er weiß um die große Macht des Fürsten, ist ihm aber bis anhin noch nie persönlich begegnet.

Der Junge steht ganz still. Einerseits möchte er die Augen schließen unter der Wucht dieser Kraft. Andrerseits ist er fasziniert und möchte mitansehen, was als Weiteres geschieht. Der große, edle Führer-Schwan hat sich zu seinen Füßen gesellt.

Michael hält das Lichtschwert auf die Schultern des Jungen. Leise spricht er einen Segen aus.

„Friede sei mit dir, mutiger Junge. Wenn du dich dann dermal einst im Schattenland zurückerinnerst an die blaue Dimension, ist deine Zeit gekommen, in der du und dein Weg zurück ins Licht zur Ruhe kommen! Du wirst nicht mehr fliehen, noch deine Identität, versiegelt vom Schleier des Vergessens, suchen

müssen. Dann hast du deinen Seelengarten wiedergefunden und du erwachst wieder in unserer Erinnerung der bewussten Vollendung der blauen Macht, in meinem Reich und dem paradiesischen Reich der schönen Undine! Wir freuen uns, dir zuzuschauen, wie du deine geistigen, schöpferischen Kräfte entfalten wirst. Unser Schutz sei mit dir!"
Mit diesen Worten segnet Michael den Jungen. Der neigt völlig überwältigt sein Haupt, um den Segen zu empfangen.
Auch als Michael sein Schwert schon lange zurückgezogen hat, bleibt der Junge ehrfurchtsvoll am Ufer des Sees stehen.
Er schaut dem großen universellen Wesen direkt in die Augen. Ein gehauchtes, kaum hörbares Danke kommt über seine Lippen. Das ist alles. Was will man da noch sagen?
Dankbarkeit ist mehr als Worte.
Dankbarkeit ist eine Form von Liebe.

Fürst Michael verneigt sich vor der schönen Undine und vor Merlin. Dann entschwebt er mit seiner Entourage. So schnell, wie er da war, entschwindet er wieder. So wie der Orca einfach da, und dann nicht mehr da war.
Das mächtige Licht zieht sich über der Landschaft zusammen und verblasst langsam.
Geistesabwesend beugt sich der Junge dem Führer-Schwan entgegen und streichelt den samtenen Hals des Tieres. Die schwarzen Augen des Schwans schauen, als würde er schmunzeln über die Verblüffung und das Staunen des Jungen.
Leise flüstert der Schwan in Sternensprache:
„Junge, du bist wahrhaftig gesegnet. Deine Reise ist gespickt mit höchsten Mentoren, die dir helfen, die Unterscheidung von versiegelten und nicht versiegelten Quellen zu offenbaren und deine Erinnerung an die Quelle des großen Geistes offenzuhalten! Gratuliere dir ..."
Wieder haucht der Junge nur ein leises Danke, lächelt und schweigt.
Die Undine und Merlin stellen sich an seine Seite. Der Junge ist noch vertieft in das Ritual seines Segens. Er kann es kaum

fassen, dass er gerade Michael begegnet ist. Das große Licht hat sich ihm ganz persönlich gewidmet und sich extra für ihn sichtbar gemacht.

Er lässt sich von Merlin und der Undine zurück zur Bank begleiten. Das muss er erst mal in Ruhe alles verarbeiten, was in der blauen, zauberhaften Dimension des Regenbogens abgelaufen ist. Er schaut die beiden an und möchte einfach schweigen. Die Intensität des Erlebten braucht seine Zeit, um sich zu setzen und verstanden zu werden.

Er lehnt sich an seinen geliebten Meister Merlin. Zaghaft streckt er seine Hand der Undine entgegen, die sie sanft umfasst. Er bedankt sich telepathisch, in diesen lichten Ebenen wird die jeweilige Absicht auch ohne Worte verstanden.

So lassen sie zusammen das Erlebte ausklingen. Die paradiesische Landschaft strömt einen süßen, harmonisierenden Duft aus, der den Jungen einhüllt. Dieser herrliche Duft steigert seine Lebensbejahung. Er lächelt vor sich hin und betrachtet sein Paradies mit träumerischen Augen.

Die Schwere, die er mitgetragen hat, ist nun von ihm abgefallen. Der Junge ist völlig entspannt auf der Bank eingeschlafen.

Er nimmt nicht wahr, wie seine treuen Wächter ihn sanft aufheben und ihn aus der blauen Dimension hinaustragen. Merlin und die Undine begleiten die Wächter zum Ausgang des Paradieses. Die Undine legt ihren Schleier noch einmal über den Jungen, um die Erinnerung wachzuhalten. Merlin küsst ihn leicht auf das dritte Auge. Sie wollen ihn schlafen lassen. Er soll sich weiter ausruhen.

Es kommen noch viele weitere Abenteuer auf ihn zu, da wird er seine Kraft brauchen.

Die Wächter winken den beiden Meistern zu und verabschieden sich. Der Wächter zur rechten Seite des Jungen bedankt sich bei der schönen Undine für den Wandel, den er hier erleben durfte.

Sie drückt ihm ihre zarte, durchsichtige Hand auf seine starke und muskulöse Kriegerschulter. Ein starker Kontrast. Merlin beobachtet diesen Unterschied, wie er nicht krasser sein könnte. Das ultimative Feminine und das ultimative Männliche. Er kichert in sich hinein, die Schöpferkraft hätte es gar nicht schöner hinkriegen können. Die Undine stupst ihn an. Sie weiß genau, was er gedacht hat. Er nickt ihr schelmisch zu.

So wandern die Wächter weiter über den Regenbogen. Ihren Schützling schlafend in ihren Armen tragend. Wer weiß, wie lange sie ihres Weges dahingezogen sind. Irgendwann ist der Junge erfrischt aufgewacht. Völlig erstaunt, sich in den Armen seiner Wächter wiederzufinden. Er will wissen, wie es dazu kam, und bereitwillig erzählen ihm seine Wächter die Geschichte. Vor allem sein Wächter zur rechten Seite ist sehr gesprächig geworden. Der Junge nimmt es erstaunt zur Kenntnis. Was für ein Wandel da geschehen ist bei der schönen Undine!

Er hüpft freudig und unbeschwert auf ihrem weiteren Weg dahin. Bei jedem Hüpfer wippen seine von Sonnenlicht durchfluteten, durcheinandergeratenen Haare mit.

Die Erinnerung des blauen Strahls ist immer noch sehr präsent. Er lächelt still vor sich hin. Sein Herz hüpft vor Dankbarkeit, wenn er an den Segen des Fürsten Michael denkt.

Magenta

Nach langem fröhlichem und unbeschwertem Wandern erreichen sie den Magenta-Farbstrahl.
Nach einer kurzen Pause schaut er seine Wächter an, hier würde er gerne wieder eine Reisepause einlegen. Er spürt, dass er Informationen speichern möchte, die ihm später weiterhelfen werden.

Als sie stehen bleiben, um sich gründlich umzusehen, macht es plötzlich: Schwusch.
Ein Riesenflügel, so groß, dass man zuerst gar nichts anderes sehen kann. Ein Flügel voller Silberperlen und schimmernd von herrlichen Magenta-Farbschattierungen hebt den überraschten Jungen in die Luft. Das geht so schnell, dass sich der Junge noch gar nicht orientieren kann. Seine Wächter helfen ihm, sich richtig auf den Rücken eines kräftigen, aber sanften Drachens zu setzen.
„Ich bin Andrach, dein Lichtdrache, der dich begleitet."
Aha, uuupsss, der Drache scheint kein großer Redner zu sein. Das fällt dem Jungen gleich auf, während er sich immer noch versucht, festzuhalten.
„Ohhh", gerade als der Junge Fragen stellen wollte, biegt Andrach in eine neue Richtung ab. Der Flug wird so steil, dass sich der Junge kräftig festhalten muss. Seine Wächter müssen ihn stützen.
Andrach fliegt rasant durch ein Portal, das hell schimmert und mit vielen unbekannten Inschriften und Symbolen versehen ist. Es ist ein Riesenportal, ein Sternentor, das fast so groß ist wie eine eigene Dimension. Jedenfalls erscheint es dem überraschten Jungen so.

Auch hier, wie in allen anderen Farbebenen, die er bis anhin erlebt hat, ist alles außerhalb normaler Proportionen. Er lernt, dass alles eine Sache der Wahrnehmung ist.

Kaum sind sie durch das Portal geflogen, verlangsamt sich der Flug und es wird ganz still. Nach dem unbändigen wilden Flug empfindet es der Junge, als würde alles stillstehen und sich nichts bewegen. Auch das Geräusch der großen, starken Flügel des Drachen verstummt. Zum ersten Mal kann sich der Junge, der immer noch verkrampft und total überrascht auf dem Drachen sitzt, entspannen und herumschauen. Sie schweben schwerelos, so still, dass man das Rauschen des eigenen Herzschlages wahrnehmen kann.

Andrach lässt dem Jungen genug Zeit, sich umzusehen und sich an die neue Situation anzupassen.

„Es ist die Stille, bevor Dinge geboren werden!"

„Die Stille, bevor die Dinge geboren werden?"

Der Junge wiederholt diese Worte vor sich hin, flüsternd, fühlend, um das Gesagte besser zu verstehen. „Sein" Drache hat nur kurz, wie es offensichtlich seine Art ist, gesprochen. Andrach gibt keine weitere Erklärung ab, was er damit meint.

Der Junge mag den Drachen, er ist, wie er, kein großer Redner. Das gefällt dem Jungen. Er fühlt, was sein Drache sagt, er will diese Worte nicht intellektualisieren.

Er konzentriert sich wieder auf den Flug. Was er zu sehen bekommt, raubt ihm fast den Atem. Er ist geblendet von faszinierender, sich in Wellen bewegender Schönheit.

Er ist so oder so überwältigt. Dass er einen eigenen Drachen zugestellt bekommen hat, der sich sogar um ihn kümmert, ist ja allerhand. Der Junge lacht laut auf vor Freude. Er krault den Drachen hinter den Riesenohren, um seiner Freude und Überraschung über diese spontane „Entführung" Ausdruck zu verleihen.

Andrach grunzt leicht, weil er kitzlig ist hinter den Ohren. Telepathisch teilt er das seinem Jungen mit, der sich natürlich freut, dass sie bereits ein so fröhliches Team sind. In nur wenigen Momenten haben sie sich gegenseitig akzeptiert. Der Junge lacht wieder, ein befreites, glückliches, zufriedenes Lachen. Gerne lässt er sich überraschen, wohin sein Drache ihn fliegen wird.

Andrach fliegt leicht und mühelos, um den Jungen nicht abzuwerfen und damit er den besseren Überblick bekommt. Das gleichmäßige Rauschen der großen Drachenflügel hat eine beruhigende Wirkung. Der Junge staunt, er sieht Spiegel, Spiegel, nichts als ein Spiegelland. Spiegel, die mit Gold eingerahmt sind, große, kleine, mit Blumen und Intarsien verzierte Spiegel. Geschnitzte Spiegel. Spiegel mit Federn, Spiegel, die die Spiegel widerspiegeln, riesengroße, die wie Durchgänge aussehen, durch einen den sie gerade geflogen sind. Spiegel aus allen bekannten und ihm unbekannten Materialien. Der Fantasie sind keine Grenzen gesetzt, Spiegel, so weit, wie das Auge sehen kann. Und an vielen Spiegeln hat es Inschriften und Symbole, die er nicht versteht oder nicht lesen kann. Sie haben alle relativ weiche, abgerundete Ränder. Nichts ist scharfkantig oder erscheint irgendwie aggressiv.

Diese unglaubliche Ruhe, die ausgeströmt wird, umgibt den Jungen.

Sehr schnell spürt er, wie er immer mehr mit dem Drachen zusammenschmilzt. Er kann die Gedanken des Drachen hören und seine Gefühle fühlen. Auch Andrach spürt „seinen" Jungen, wie er sich langsam entspannt und sich vertrauensvoll diesem Geschehen hingibt.

Der Drache sendet dem Jungen eine telepathische Botschaft, dass er sich festhalten soll. Er tut das und Andrach schwebt geräuschlos mitten in die große Ebene der Spiegellandschaft. Sie gleiten zwischen unzähligen Durchgängen hindurch. Manchmal blitzt ein Glitzern auf, das von einem Sternentor ausgestrahlt wird. Er versucht immer wieder, einen kurzen Blick durch sie zu erhaschen. Zwar fliegt Andrach sehr ruhig dahin, dennoch fühlt es sich an, als wäre er auf einem riesen Roller-Coaster. Immer wieder geht es auf und ab, kreuz und quer auf alle Seiten. Trotz Roller-Coaster scheint es auch hier eine geometrische Ordnung zu geben, der Andrach unaufgefordert folgt.

Andrach hat diese Beobachtung seines Jungen gespürt und antwortet dementsprechend kurz und bündig:

„Die Grundstruktur aller Formen sind geometrische Muster, Energiefelder, nach denen sich alle weiteren Formen ausrichten.

Die heilige Geometrie, die die Energieströme des Kosmos durch sämtliches Leben miteinander verbindet!"

Kurz und bündig, als wüsste man das alles schon, und dieses allgemeine Wissen müsste nur noch schnell aufgefrischt werden, damit man es nicht wieder vergisst. Der Junge ist erstaunt über die Worte des Drachen. Auf den Punkt gebracht, ohne Erklärung. Vielleicht wird Merlin mehr darüber erzählen. Seine Reise hat ja erst begonnen!

Andrach hat die Gedanken seines Jungen gehört.

„Schon mal was von der Blume des Lebens gehört? Hm? Oder vom Metatronischen Würfel vielleicht?"

Jetzt lacht Andrach und fliegt ein kleines Schnäppchen, um ihn zu necken! Nein so was, lacht er ihn jetzt aus? Der Junge ist unsicher, verneint halbwegs die Frage und lacht einfach mit. Natürlich ist ihm die Blume des Lebens vertraut. Aber über den Metatronischen Würfel müsste er schon noch mehr wissen.

Andrach antwortet entsprechend, da er ja die Gedanken seines Jungen gehört hat. „Warts einfach ab."

Aha, kurz und bündig wieder, wie üblich. Der Junge fragt nicht weiter, er ist ohnehin beschäftigt mit Staunen.

Das Herumfliegen in dieser herrlichen Dimension beginnt ihm zu gefallen. Mittlerweile hat er sich angepasst und sitzt wie ein Reiter auf seinem Drachen. Die geflogenen geometrischen Muster scheinen sein Bewusstsein zu öffnen und zelluläre Erinnerungen rütteln sich ganz automatisch und sanft wach.

Seine Wächter scheinen überall gegenwärtig und verändern ihre Form je nach Bedarf. Der Junge scheint sich enorm auszudehnen, er wird größer, jedenfalls hat er das Gefühl, es sei so.

Er denkt, ohne es in Worte zu fassen:

„Möglicherweise dehnt sich nur mein feinstoffliches Energiefeld aus. Und ja, natürlich weiß ich vom Metatronischen Würfel und der heiligen Blume des Lebens."

Laut spricht er:

„Das Wissen über die Geheimnisse des Metatron-Würfels werde ich auffrischen müssen. Aber da wird mir Merlin bestimmt helfen dabei."

Andrach antwortet nicht, er grunzt einfach als Bestätigung.

Der Junge verschmilzt und wird eins mit dem Feld der Magenta-Dimension, er spürt alles, er sieht alles, er hört alles. Er WIRD zum Magenta-Feld.

Andrach fliegt lange und geräuschlos in der Dimension herum, er scheint sich bestens auszukennen. Für den Jungen scheint es wie ein endloses Lichtgewebe – Riesenlabyrinth. Nur hie und da hört man das Geräusch von anderen Drachen und deren Flügelschlag, die auch ihre Seelen herumfliegen. Man grüßt sich erstaunt, ohne zu reden. Und alle kommen sich bekannt vor ... der Junge kraust seine Stirn. Das ist wirklich seltsam.

„Jedes Mal, wenn ich in einen Spiegel schaue oder ein anderer Drache vorbeifliegt, der jemanden mit sich trägt, kenne ich sie alle schon. Ich kenne sie aber nicht ..."
Andrach muss lächeln, er hat die Gedanken des Jungen gehört. Er antwortet wieder kurz und bündig, eben nach Andrach-Art:
„Sie sind alle du. Wir sind im Land des Seelenspiegels!"
Seine Wächter, die sich ganz im Magenta-Land aufgelöst haben, lächeln ihm entgegen. Sie beobachten die Verwirrung des Jungen.

Andrach stoppt seinen Flug vor einem Durchgang. Der Junge hält sich fest an Andrach geklammert, schaut aber mutig in den Durchgang. Das Portal beginnt sich mit Luftblasen zu füllen, bis es weiterum schäumt. Harmonische Klänge, beinahe wie bei der Begegnung mit Amethyst, beginnen sich mit den fröhlichen Blasen zu bilden. Der Junge beginnt zu lachen, das sieht ja prächtig aus und ist obendrein irgendwie lustig. Die Blasen erscheinen in den vielfältigsten Magenta-, violetten und rötlichen bis dunkelblauen Schattierungen. Die Schattierungen gleichen sanftem, fast seidenartigem Schimmer, nicht konkreten Farben. Es ist wunderschön anzusehen, wie die vielen opulenten Farbblasen im Portal herumtanzen. Sie tragen jeweils geometrische Formen innerhalb der Blase, vor allem die Blume des Lebens, in der alle Bausteine für alle anderen geometrischen Muster enthalten sind.

Die Musik wird immer klangvoller und kräftiger, bleibt aber sehr harmonisch. Es sieht aus wie ein übergroßes Schaumbad mit tanzenden Klängen, außer dass die Blasen eher wie Seifenblasen aussehen, viel größer sind und ganz toll herumwirbeln.

Seine Wächter verändern wieder ihre Form und stellen sich zum Portal, je ein Wächter auf je eine Seite, es sieht aus, als würden sie das Portal einrahmen. Sie passen sich der Größe und dem Volumen des Sternentors an. Sogar sein Drache Andrach ist übergroß. Der Junge kommt sich klein wie ein Fingerhut vor, der verloren auf seinem Seelendrachen verschwindet. Bei diesem Vergleich beginnen sogar die bunten fröhlichen Blasen zu lächeln.

Der Junge ist total entzückt von dem freudigen Durcheinanderwirbeln und Tanzen der federleichten Kugeln. Die bunten Farbklangschwingungen tanzen wie Noten drunter und drüber, ohne jemals die Harmonie zu verlieren.

Andrach beginnt sich zum Rhythmus zu bewegen und der Junge passt sich auf dem Rücken des Drachen an mit seinen eigenen Tanzbewegungen. Er beginnt zu lachen, während seine Wächter auf ihn aufpassen.

Durch die fröhlichen Bewegungen lockern und lösen sich alte Verstrickungen, die auch noch von seinen Ahnen geprägt sind. Die Träume, die der Junge auf Erden verwirklichen will, werden in Einklang mit seinem Schöpferplan gebracht. So ist er frei, seinen Seelenplan unabhängiger von vergangenen Prägungen und Programmierungen zu realisieren.

Einige Farbblasen lösen sich aus dem Bündel und umschwirren den Jungen, der glücklich auf dem Drachen sitzt. Sie fliegen um ihn herum, oben, untendurch, über Andrach, der versucht, die Blasen wie Ballone mit seinem Drachen-Atem herumzuwirbeln. Andere Drachen, die jetzt auch anhalten, um dem Schauspiel beizuwohnen, beginnen sich in den Rhythmus einzufügen.

Die Blasen singen Melodien in die Ohren des Jungen.

„Schau dich um, Junge. Da sind noch viele Seelenanteile, die auch von dir sind. Fraktale, endlose Fraktale, sie besitzen ihren eigenen Drachen, um ihre eigenen Erfahrungen in unterschiedlichen Dimensionen zu machen."

Fraktale = verkleinerte Kopien seines Selbst, wiederkehrende Muster der Selbstähnlichkeit

Mehr Farben tanzen jetzt um ihn, er ist ruhig und konzentriert, um nichts, was sie ihm zuflüstern, zu verpassen.

„Wir dehnen dein Bewusstsein aus, damit du viele Schichten deines Selbst, also Fraktale, verschiedene Seelenanteile, hier und jetzt integrieren kannst. Dadurch wirst du dich, dein Wesen, auch im Schattenland immer mehr als multidimensionale Einheit erfahren."

multidimensional = mehrere Dimensionen umfassend – vielschichtig

Sie tanzen lustig und geschmeidig um ihn herum, während er spürt, dass sich die Drachen und die Seelenkinder, die auf ihnen reiten, alle miteinander verbinden. Er kann impulsiv seine Aufgabe, die er im Menschenkleid erledigen wird, wahrnehmen. Durch das Vereinen einzelner Aspekte wird er sein Wesen ausdehnen können und die Materie und sein lichtes Wesen, das er immer bleiben wird, zusammenbringen.

Es wundert ihn immer wieder, wie er das wohl auf die Reihe kriegen wird, dermal einst im Menschenkleid!

Er hört auf zu denken und achtet auf seine rhythmischen Bewegungen, und ganz plötzlich tanzen alle im Einklang mit ihm. So schnell ist das geschehen. Sie sind alle eins geworden.

Eine wunderschöne Melodie ertönt wie ein Echo durch die ganze Magenta-Farbdimension.

Die Blume des Lebens hat ihm geholfen, Energieträger dieser überaus höchsten Lichtfrequenzen zu sein. Er wird diese Einheit später in seinem Menschsein leben und ausdrücken können.

Andrach dehnt seine Flügel weit aus, sie nehmen unglaublich viel Platz ein. Fasziniert schaut der Junge zu, wie sich die anderen Drachen ganz nahe zu ihm gesellen. Sie berühren Andrach. Es sieht aus, als würden sie andocken. So als wäre Andrach ein Mutterschiff, nach dem sich alle anderen ausrichten.

Als sie alle wie eine Traube zusammenkleben, winken sich die Seelen gegenseitig zu und Andrach beginnt langsam, auf das

Sternentor mit den sich sammelnden Blasen zuzufliegen. Die unendlich vielen Blasen machen Platz, um sie alle durchzulassen. Andrach schwingt seine Flügel weit nach oben, damit er auch durchpasst durch das herrliche Sternentor. Es sieht fast aus wie ein Klappmesser, wenn er die Flügel nach oben zusammenfaltet. Der Junge verschwindet in der Riesengröße des Drachen. Aber das macht ihm jetzt nichts mehr aus, er fühlt sich beschützt und vertraut Andrach.

Unglaubliche kosmische Tonintervalle untermalen diese Szene und verankern so die hohen Lichtfrequenzen in der Atomstruktur des Jungen.

Andrach fliegt großartige Kapriolen, um den Jungen zu lockern. Er fliegt große Runden, schwebt lautlos mit geöffneten Flügeln und klappt sie wieder zusammen. Der Junge jauchzt und ist ganz losgelöst. Fröhliches, befreites Lachen ist im Magenta-Raum zu hören. Es geht auf und ab, hin und her, Andrach hat den Roller-Coaster-Flug erneut aufgenommen. Die Wächter freuen sich herzlich über die Fröhlichkeit des Jungen. Sie lösen sich vom Portal, bei dem sie die ganze Zeit geblieben sind, und hängen sich je an eine Seite des Jungen. Er ist glücklich, sie wieder zu spüren, und lacht ihnen entgegen. Wenn sie auf seinen Seiten Stellung nehmen, weiß er, dass die Reise bald zur nächsten Ebene weitergeht.

Nach dem fröhlichen Drachenritt und nachdem sie alle durch das Magenta-Sternentor geflogen sind, ist nur noch der Junge auf seinem Drachen zu sehen. Die angedockten kleineren Drachen mit ihren Seelen, die Fragmente seiner selbst, sie sind alle zusammengeschmolzen zu einem großen Ganzen. Er ist nicht mehr fragmentiert. Der Junge ist etwas erstaunt, stellt aber keine weiteren Fragen, da er spürt, dass er die Antwort bereits erhalten hat. Er muss sie nur noch fühlen. Und das Fühlen, das weiß er, muss er noch mehr üben.

Andrach dehnt seine Schwingen weit aus, er schwebt erhaben, majestätisch und ganz ruhig durch die Magenta-Dimension. Die lustigen Blasen haben sich zurückgezogen und sind ebenfalls mit dem Jungen vereint. Sie repräsentieren die Seelenanteile der Fülle, die Verbindung von Zeitlinien, schöpferischer Kraft und Talenten aus seiner Ursprungs-Energie.

Andrach fliegt seine „Fracht" zurück, von wo er sie, den Jungen und seine Wächter, überrascht hat, nämlich bis tief hinein in die Regenbogenbrücke.

Die Spannweite der Drachenflügel erinnert ihn, wie vorher schon, an ein Mutterschiff, das absolut tonlos dahinschwebt.

Der Junge hat Andrach sofort liebgewonnen und vertraut ihm total. Die Wächter schützen ihn und sehen, wie er tief entspannt auf dem Rücken des Drachen eingeschlafen ist.

Er hat schon so viel erlebt auf seiner kurzen Reise, die doch gerade erst begonnen hat.

Und so gleiten sie direkt in den nächsten Abschnitt auf der Regenbogenreise.

Die Wächter berühren den Jungen leicht, um ihn aufzuwecken. Er regt sich auf dem weichen Feder-Fell auf Andrachs Rücken. Er muss sich erst orientieren, wo er denn gerade ist. Sein Traum hat ihn weit weggetragen.

Er betrachtet Andrach, der im neuen sanften Licht wunderbar glänzt. Die ganze Schattierung von fast nachtfarbenem Magenta bis hin zu leichten Rosaverfärbungen. Der Junge streckt sich, um sich genauer umzusehen. Also war das alles doch kein Traum?

Andrach neigt seinen Kopf, um den Jungen direkt anzusehen, um ihm zu versichern, dass Träume Wirklichkeit sind. Der Junge sperrt seine Augen weit auf und schaut Andrach direkt in die großen goldenen Augen. Er beginnt zu lachen und umarmt den Drachen herzlich, der ihn mit dieser Emotion geduldig gewähren lässt. Andrach lächelt seinen Jungen an. Er ist jetzt mit Bestimmtheit sein Junge. Sie werden sich von nun an immer wieder begegnen.

Irgendwo, irgendwann, in irgendeiner Zeit oder Nichtzeit.

„Du bist jetzt bereits im nächsten Kapitel deiner Reise angelangt, mein Junge. Ich werde dich hier für eine Weile verlassen. Wir treffen uns schon bald wieder."

Wieder hat Andrach, wie so oft, kurz und bündig den Sachverhalt verkündet. Der Drache mag Worte nicht besonders, da sie enorm limitiert sind und eingrenzen. Ohnehin kommuniziert er telepathisch, was eine viel größere Gefühlsskala zulässt. Der Junge versteht das gut. Er nimmt über seine Sinne wahr, Dinge die man mit Worten nicht verständlich machen kann. Man muss gewisse Dinge fühlen, um sie fließen zu lassen.

Andrach hilft seinem Schützling auf den Boden, der nicht wirklich ein fester Boden ist. Seine Wächter helfen ihm, sich zu stabilisieren nach dem langen Ritt. Er umarmt seinen Drachen noch einmal, es ist schade, dass er sie nicht weiterbegleiten kann.

Andrach wuschelt in den wilden Haaren des Jungen und flattert mit seinem gigantischen Flügel. Seine Haut schimmert und glänzt ganz wunderbar. Der Junge staunt über so viel grazile Schönheit.

Andrach hebt seinen Kopf und bläst einen Feuerstrahl weit hinauf in den Himmel, wenn es denn einen gäbe. Der Junge jauchzt und freut sich über das Geschenk, das sein Drache ihm zum Abschied schenkt.

Andrach schaut ihn verschmitzt an und flüstert seinem Jungen telepathisch zu:

„Die Kraft des Feuers wirst du auf deiner Reise brauchen. Es animiert dich, immer weiterzugehen und nicht aufzugeben. Es reinigt, was dir im Wege steht, und transformiert, was dich festhält."

Zärtlich berührt er seinen Jungen mit dem Riesenflügel, der kleine Blitze von sich wirft, und schwebt dann schnell und leise davon.

Lange schaut der Junge verträumt zu, wie Andrach abhebt und verschwindet, einfach so.

Wie alles auf dem Regenbogen, einfach und undramatisch. Die letzten Worte Andrachs fühlt er noch einmal, um sie nicht zu vergessen.

„Das Feuer transformiert, was mich noch festhält!"

Dann schaut er seine Wächter an.

„Meine Treuen, was haben wir doch nicht schon alles erlebt! Was meint ihr zu alledem?"

Der Junge setzt sich hin, gähnt zum ersten Mal auf dieser Reise, träumt müde vor sich hin, denkt an Andrach und seinen Meister Merlin. Er erwartet nicht wirklich eine Antwort von seinen Wächtern. Deshalb ist er nicht schlecht erstaunt, als der Wächter zur rechten Seite kurz antwortet.

„Es ist kurzweilig, mit dir zu reisen, Junge. Es ist mir eine Ehre, in deinem Dienst zu sein. Langweilig wird es uns bestimmt nicht mit dir!"

Beide Wächter betrachten liebevoll ihren Schützling.

„Ich bin mir einfach noch gar nicht sicher, wie ich das alles hinkriegen soll, dermal einst in der Menschenwelt. Ich bin froh, dass ich euch habe!"

Dabei schaut er hoch hinauf zu seinen Helfern, schließlich sind sie beinahe doppelt so groß wie er. Ob sie auch Aspekte seiner selbst sind?

Aber auf diesen leisen Gedanken gibt es keine Antwort mehr.

Lautlos schwebt die Blume des Lebens auf ihn zu. Erstaunt und halb verschlafen schaut er sie an, sie strahlt in allen Regenbogenfarben, besonders golden und im Platinum. Sie lächelt dem Jungen zu und sie deutet ihm an, dass sie sich unter seine Füße schieben möchte.

Trotz Müdigkeit begreift er das sofort.

„Meine Wächter, könnt ihr mich auf die runde Plattform der Blume des Lebens heben?"

Seine treuen Wächter tun, wie gefragt, und sanft lassen sie ihn nieder auf das geometrische Kaleidoskop allen Wissens. Er ist müde, so setzt er sich bequem in das Zentrum des leuchtenden Musters.

„Mein lieber Junge!"

Blume des Lebens

Die Stimme der Blume des Lebens, oder sind es ihre leuchtenden Farben, die zu ihm sprechen? Er weiß es nicht. Jedenfalls ist die Stimme sanft und dennoch von großer Kraft durchströmt.
„Mein lieber Junge, ich sehe, du bist müde. Dennoch möchte ich dir noch einiges mit auf deinen Weg geben! Magst du mich anhören?"
Erstaunt blickt er das Muster der Blume des Lebens an. Würde ihn schon interessieren, was sie ihm so Wichtiges mitteilen möchte. Für eine kurze Weile betrachtet er einfach ihre Vielfalt, nickt dann leicht, um sein Einverständnis zu bestätigen.
Sie spricht mit sehr angenehmer Stimme, die ihn beruhigt und die ihm das sich Konzentrieren einfach macht.
„Alles, was du zu deinem Menschsein brauchen wirst, stelle ich dir zur Verfügung. Höchste Kräfte erlauben dir, dich ganz und gar zu entfalten. Du musst sie dir aber selber holen. Alles steht für dich bereit. Die fünf Elemente Erde – Feuer – Wasser – Luft – Äther sind bereits in dir gespeichert und frei zur Verwendung verfügbar!
Ich schiebe mich unter deine Füße, auf dass du in deinem Erdenleben wohl stehen sollst. Tun musst du es selber, ich nehme jegliche Form an, die du wünschst. Denn die fünf Elemente sind das Grundelement und die Bausteine, um dir deine Wünsche zu erfüllen. Sie helfen dir, dich ganz und gar zu entfalten, ohne Scheu oder Reue. Ich bin das Geheimnis, die Mysterien und der Ursprung, der allem innewohnt!"

Sie schaut ihn an wie eine Übermutter, die sich sehr um das Wohl ihres Kindes sorgt. Man kann Kinder schützen wollen, ihnen das Beste wünschen, aber die Erfahrungen müssen sie allesamt selber machen. Schlussendlich wollen sie ihren eigenen Weg gehen. Seelenkinder oder eigene Kinder!

Der Junge berührt den farbigen Boden und zeichnet verträumt die Linien der Blume nach.

Langsam beginnen sich herrliche Blütenblätter zu bilden, aus sanften, aber stark leuchtenden Lichtstrahlen. Immer mehr Blütenblätter formen sich um ihn herum, sie produzieren nicht nur ein dreidimensionales Muster, sondern ein vielfach dimensionales Muster. Er würde sie gerne berühren, aber sie sind durchlässig und nicht fassbar. Seine Hände gleiten einfach durch die schwebenden, wellenförmigen Bewegungen hindurch. Eine durchsichtige Kugel beginnt sich um ihn herum zu formen. Die Kugel entfaltet die wunderschönsten glitzernden, wie Diamant geschliffenen Flächen, die von den durchlässigen Blütenblättern eingehüllt werden. Es müssen wohl an die Tausend oder mehr schimmernde Blätter sein. Der Junge sitzt inmitten seiner soeben kreierten diamantenen Kugel und unzähliger prächtiger Blütenblätter. Er staunt, will die diamantene Kugel von innen her berühren, aber auch sie ist durchlässig.

Er versteht das nicht ganz. Wie kann etwas so beeindruckend überaus imposant sein und ist doch nicht fassbar?

Die Blütenblätter, die sich in der unbeschreiblichsten Farbenpracht leise hin und her bewegen, als würden sie von einem leichten Windhauch berührt, singen dem Jungen eine kurze Antwort zu. „Das Universum ist nicht solide. Es ändert sich ständig, bestehend aus Energie, Wellen und Frequenzen, die sich immer neu zusammensetzen und neue Formen hervorbringen. Dennoch bleibt das Wesen des einen Geistes in seinem Kern unverändert, so wie mein Bauplan immer derselbe bleibt!"

Aha, fast wie Andrach, eine knappe Antwort, die momentan ausreichen soll. Er ist ohnehin zu müde, noch lange darüber nachzudenken. Er genießt die Fülle der atemberaubenden Schönheit, die ihn umgibt.

„Danke, du schöne Lebensblume. Was für eine Fülle du mir schenkst. Ich hoffe sehr, dass ich mich an alles erinnern mag, wenn ich ins Land des Vergessens abtauchen muss. Wirst du mich wieder an dich erinnern, falls ich es vergessen sollte?"

„Aber ja, mein Junge, wie soll ich meine Schöpfung vergessen wollen? Es ist eher die Frage, ob du zu gegebener Stunde meine Zeichen wahrnehmen wirst?"

Schläfrig staunt er und sieht weit außen an ihrem Rand, der sich in den Raum der Ewigkeit auszudehnen scheint, dass dort drei Kreise nebeneinanderliegen.

„Das Ei des Lebens, Körper – Seele – Geist, Atem – Form – Materie ..."

Die Blütenblätter haben seine Beobachtung erkannt und sofort darauf reagiert. Wieder knackig kurz und prägnant ohne weitere Erklärung haben sie die Antwort ohne Worte für ihn gut hörbar gesäuselt.

Er schmunzelt und lässt es so auf sich beruhen.

Die Lebensblume lächelt ihn freundlich an. Sie strahlt jetzt noch etwas stärker, ein absolut phänomenales Lichtsystem! Sie ist einfach die schönste „Blume", das schönste Muster, dem er je begegnet ist.

„Ich werde deine Zeichen bemerken wollen, deshalb werden wir uns nicht verpassen! Ich danke dir, dass ich mich in deinem Kelch zu Hause fühlen kann. Das passt zum Thema, nämlich dass ich viele Fragmente wieder vereinen konnte im Magenta-Lichtstrahl. Alles kommt zusammen und es offenbaren sich so viele neue Erkenntnisse. Mein eigenes diamantenes Wesen, das sich in deinem diamantenen Kelch ausruhen darf!"

Die Blume spürt die Müdigkeit des Jungen und lässt ihn. Sie wird ihm zu einem anderen Zeitpunkt wieder begegnen. Obgleich das eigentlich gar nicht notwendig ist, da sie ja in seiner Atomstruktur wohnt.

Sie verstärkt ihre Strahlen noch etwas mehr und er legt sich jetzt ganz auf ihr Feld, in die ihn umgebende diamantene Kugel, die vom sanft wehenden Blütenkranz gehalten wird.

Er murmelt einen letzten Dank und sieht aus seinen Augenwinkeln gerade noch, wie sich das Flackern des Feueratems Andrachs auflöst und kleine herumschwebende Feuerfunken in der Luft verlöschen.

Er denkt nochmals über das Erlebte nach und die neue Integration einige seiner Seelenanteile, die jetzt mit ihm weiterreisen werden. Diese neue Verbindung trägt ihn weiter in seinem Abenteuer, das er im Schattenland erleben wird. Sein Wesen wird immer komplexer und vollumfänglicher. Er ist überaus dankbar für die Unterstützung und das strahlend leuchtende Wissen der Lebensblume. Es rundet das atemberaubende Erlebnis im Magenta-Strahl perfekt ab.
Sogar seinen Seelendrachen durfte er kennenlernen!
Zufrieden fällt er in ein erholsames Nickerchen mitten in der Üppigkeit der kosmischen Blume des Lebens.

Nach unbestimmter Weile des Ausruhens und Tagträumens auf dem strahlenden Feld der „Blume" deutet er seinen Wächtern an, dass er für die Weiterreise bereit ist.
Er reckt und streckt sich, dehnt sich und verlässt langsam seinen luxuriösen Ruheplatz. Ein letztes Mal berührt er dankbar den diamantenen Kelch, der ihn so bereitwillig aufgenommen hat, winkt der Lebensblume zu, zupft sein Regenbogenkleid zurecht und zu dritt flanieren sie gemütlich weiter über den Regenbogen und seine heilenden Farbdepartements.

Lange dauert es auch nicht, bis sie vom neuen Farbstrahl begrüßt werden.

Rosa

Ein sanftes rosafarbenes Licht beginnt aus der Ferne zu leuchten. Der Junge beobachtet diese Szene und freut sich. Der süße Duft der wunderbaren Farbe erfüllt den Raum. Er beschleunigt seine schwebenden Schritte.

Dieses herrliche Leuchten zieht ihn magisch an. Eine sanfte, beinahe singende Stimme, die wunderbar zur Farbe passt, spricht ihn lächelnd an.

„Hallo, mein lieber Junge, darf ich uns vorstellen?"

Das rosafarbene Wesen neigt sich dem Jungen entgegen. Es ist eine eher rundliche, aber beinahe doppelt so große Erscheinung wie der Junge selbst. Es strahlt Mütterlichkeit und Geborgenheit aus. Viel Wärme und große, wache Intelligenz beobachten ihn.

„Dein Drache hat sich mächtig ins Zeug gelegt für dich, wir haben das auch mitbekommen! Dein persönlicher Drache ist ein ganz Verwegener, das zeigt einiges über dich selbst an, musst du wissen!"

Der Junge strahlt über das Kompliment, ist aber erstaunt, dass sie beobachtet wurden und das rosa Wesen Bescheid weiß.

Die Erscheinung spürt seine Gedanken, hält einen Arm um seine Schulter und führt ihn langsam in ihre Dimension, während sie weiterspricht. Sie lächelt und erklärt ihm, dass sich wie ein Netzwerk alles miteinander verbindet. Jede Dimension ist mit den anderen Dimensionen verbunden, da alle Farbstrahlen das diamantene Lichtspektrum und die Urintelligenz der Schöpfung in sich tragen!

Sie betrachtet ihn, er fühlt sich geborgen in ihrer wärmenden Gegenwart. Ja, so etwas Ähnliches haben doch die Kristallgesichter auch erzählt. Er kann sich erinnern.

Er schaut zu ihr auf, ihr Gesicht ist unglaublich freundlich und liebevoll.

Seine treuen Wächter begleiten ihn je auf eine seiner Seiten. Sie schweben eine Weile friedlich dahin, bevor sie weiter erklärt:

„Unsere Rosaschattierungen sind natürlich auch im Magenta-Strahl enthalten! Tja siehst du, auch deshalb sind wir informiert. Alles wohnt in allem! Wir, also der rosafarbene Farbstrahl, sind dein emotionales Lichtzuhause, wir sind deine Herzdimension. Hier fühlst du dich wohl. Bei uns erinnerst du dich an alle Dinge, die du im Schattenland erledigen willst."

Der Junge lächelt das schöne, sanfte große Wesen an. Obwohl es keine wirkliche Form hat, ist es irgendwie fassbar und hat dennoch einen klaren Gesichtsausdruck. Die Ähnlichkeit mit Amethyst ist verblüffend.

Er denkt, dass es schön wäre, wenn Andrach auch hier wäre. Telepathisch kommuniziert er mit seinem Drachen und erzählt ihm, was Neues auf ihn zukommt. Er ist sich sicher, dass Andrach ihn „hören" kann.

Er schaut sich gründlich um. Es gefällt ihm hier, sehr sogar. Er fühlt sich leicht und unbeschwert. Die Liebe, die das Wesen ausstrahlt, ist so allumfassend, dass es bis tief in seine Zellen eindringt und ihn wärmt.

Das sanfte fröhliche Wesen spricht weiter:

„Wir repräsentieren den Geist der Liebe, die in allen Menschen wohnt, die sie aber vergessen haben. Sie sehnen sich ein Leben lang nach dieser Liebe zurück und suchen sie an allen Orten, nur nicht bei sich selbst. Da, wo es so einfach wäre, diese unsere All-Liebe wiederzufinden!

Weißt du, wie bei einer Schnecke, die ihr Haus immer bei sich trägt, so ist unsere Liebe in jedem Menschen einprogrammiert. Die Schöpfung ohne Liebe ist nicht denkbar! Aber eben, das muss man erst wieder fühlen lernen. Bei uns wirst du das lernen, deine Gefühle und Emotionen in Einklang zu bringen. Du darfst lernen, unbedingt aus dir herauszukommen und dich nicht zu verstecken, während du im Schattenland auf Erden lebst. Das ist sehr wichtig, mein Junge. Du bist ein sanftes Wesen und das Menschenbewusstsein hat die Reife noch nicht erreicht. Viele sanfte Wesen, man nennt es auch Empathie auf Erden, tun sich schwer mit dem rauen Bewusstsein des Planeten. Wenn du nicht versuchst, deine Scheu zu überwinden und aus dir herauszukommen, dich zu entfalten, gehst du verloren unter den Menschen. Die sich anbahnende Wut und Frustration über das Nicht-Verstanden-Werden, die sich bei dir anstauen würde, würde dich überwältigen."

Er schaut erst die Wächter und dann das sanfte Wesen an.

Er kann sich jetzt gerade nicht vorstellen, dass er wütend würde. Eine Emotion, die er seit Gedenken nicht mehr wirklich ausgelebt hat, da er ja länger nicht mehr im Menschenkleid unterwegs war. Außer vielleicht die leisen Frustemotionen auf dem Regenbogen.

Das rosafarbene sanfte Wesen schaut ihn wissend an. Es lächelt nur.

Er zuckt mit den Schultern. Dazu möchte er momentan nichts sagen, hat aber alles Gesagte registriert und zur Kenntnis genommen.

Noch immer hält die Erscheinung ihren Arm um ihn und zusammen gehen sie ein Stück des Weges.

Sie kennt den Jungen und sein Wesen, sie spricht ihn auf einige seiner Charaktere an:

„Wenn du mir erlaubst, dir ein paar Tipps zu geben, die du im Menschenkleid verwerten könntest?"

Der Junge schaut sie an und nickt.

„Versuche, dich im Menschsein besser zu integrieren, auch wenn dir das etwas schwerfällt. Da dein kosmisches Wissen nicht vergessen geht, fühlst du dich ausgestoßen in der Menschengesellschaft. Die Menschen füttern unentwegt ihren Intellekt, aber das Herz wird vernachlässigt. Die wahre Stimme wird nicht beachtet. Die Stimme des eigenen Herzens wollen nur wenige hören.

Wir wissen, dass die meisten Menschen schlafen … den Dornröschenschlaf. Sie leben ihr eigenes Märchen und ihre Illusionen, während du und viele andere Kinder ihren Traum aus unserer Traumzeit aufrechterhalten. Lebe es ihnen einfach vor. Das ist am einfachsten. Und noch was, was sehr Wichtiges: Lerne, deine eigenen Entscheidungen zu treffen, Entscheidungen, die für dich stimmig sind. Es ist dein Leben, jeder ist nur für sich selbst verantwortlich. Lass dich nicht zu sehr beeinflussen. Du wirst erst im Schattenland erfahren, was es bedeutet, ein Individuum zu sein. Hier bist du noch mit allem verbunden. Im Schattenland wirst du dich als getrenntes Wesen erleben. Erinnere dich immer wieder an deine Einheit, die Liebe, die dich mit dir selbst und deinem eigenen Universum verbindet!"

Mit dieser Rede lächelt sie ihm tief in sein Herz.

„Selbst im Land des Vergessens bleibe dir immer selber treu!"

Sie umhüllt ihn mit ihrem zarten Schleier von irisierenden Rosa- und Goldtönen. Er lässt sich ganz tief umarmen und einhüllen in ihrer Güte, damit sich jede seiner Zellen damit speisen kann.

„Spürst du die Verschmelzung der Liebe mit der unsrigen?

Spürst du den Puls, der gleichermaßen durch die ganze Schöpfung atmet?

Spürst du, wie dein Herzschlag mit dem Wesen der Ewigkeit im Einklang schlägt?"

Sanft hat sie ihn an die Macht der vereinenden Liebe, die er bereits bei Amethyst erlebt hat, erinnert.

Er will, dass sich jedes seiner Atome an diese göttliche Liebe erinnert und auch in seinem Menschenkleid nicht, oder so wenig wie möglich, vergessen geht. Er gibt sich ganz hin in diese wundervolle Fülle und Einheit. Er hört sein Herz im Rhythmus mit der rosa Licht-Energie schlagen. Ein glückliches Lächeln entwischt ihm. Er genießt diese Hingabe, hört still die sanfte Musik und riecht den süßen Duft, der ihn einhüllt und ihn fast ein wenig schwindlig macht.

Seine Wächter warten geduldig auf seine Entscheidung, weiterzugehen. Sie lassen ihm Zeit, aber Zeit existiert ja nicht.

Also lassen sie ihm Raum ... er möchte noch ein wenig länger bleiben.

Als er die Augen wieder öffnet und aus seiner Entzückung zurückkehrt, führt ihn das rosa Wesen gemächlich weiter. Fröhliches Treiben beginnt rund um ihn herum. Er sieht plötzlich einige Seelen, die beim Ausgang des Regenbogens mit ihm auf die Reise gewartet haben. Er bleibt in der Umhüllung des sanften goldenen Lichtes und schlendert fröhlich auf die anderen zu. Das gibt ein lustiges Wiedererkennen und man verspricht sich, dass man sich immer wiedererkennen will. Auch später auf der Reise. Sie erzählen sich ihre Geschichten, die sie bis anhin erlebt haben, und tauschen ihre Erfahrungen aus.

Musik spielt, Künstler zelebrieren ihre Kunst, die anerkannt und gefeiert wird. Das Herz *muss* einem einfach aufgehen bei so viel Freude, Fröhlichkeit und des persönlichen Ausdrucks und der Entfaltung. Seine Freunde fordern ihn auf, auch mal etwas zu malen oder zu tanzen oder zu komponieren. Statt zu komponieren vielleicht Musik dirigieren? Oder möchte er etwas Außergewöhnliches bauen? In die Architekturabteilung gehen?

Nach kurzem Zögern zwischen Architektur und Malen entscheidet er sich für das Malen. Alle zusammen klecksen sie Farben auf eine riesengroße Leinwand und tanzen dazu. Er malt mit seinen Händen, er möchte einfach ohne Ziel Farben verwenden. Er erinnert sich, was der Regenbogen erläutert hat über die Charakteristiken der Farbmischungen. Rosa wäre dann also die Mischung aus Weiß und Rot. Auch wieder eine Primärfarbe. Er hat keine Zeit, weiter nachzudenken, denn seine Freunde wirbeln mit ihren farbigen Händen um ihn herum und dabei entstehen lustige Muster, weil sie während des Tanzens immer eine Hand auf der Leinwand lassen. Die große Leinwand liegt auf einem ebenso großen Tisch, um den man frei rundherumlaufen kann. Haufenweise fröhliche und sehr farbige Hände verteilen sich auf der ganzen Leinwand. Es sieht aus wie das Ringel-Reihe-Spiel um eine Leinwand, allerdings mit dem allergrößten Farbenwirrwarr, begleitet von fröhlichen und glücklichen Kinderstimmen. So was hat er noch nicht ausprobiert. Zu seiner eigenen

Überraschung macht es ihm richtig Spaß, mittendrin mit allen anderen. Dabei wird er locker und fühlt sich ganz integriert. Er schaut fröhlich zu seinen Wächtern, die geduldig warten, sie lächeln zurück und freuen sich mit ihm. Es wird gegessen, süßer Nektar getrunken und man freut sich einfach. Ein großes Fest des Miteinander, der Gemeinschaft und der Leichtigkeit.

Die Herzdimension scheint weder Anfang noch Ende, weder eine Richtung noch sonst eine Struktur zu haben, die einen aufhalten könnte, fröhlich zu sein. Man muss dieses Glück einfach genießen, sich hingeben und treiben lassen. Das Glück IST einfach, es fragt nach nichts. Wenn sich Herz und Seele treffen und sich entfalten! Zeit ist aufgehoben, wenn man eins mit der Entfaltung und dem Tanz des SEINS ist.

Nach geraumer Zeit, die nicht existiert, blinzelt er wieder zu seinen Wächtern. Vor lauter Spiel und Spaß, Trank und Speise hat er sie irgendwie fast vergessen. Ui, dass er seine treuen Wächter beinahe vergessen könnte, das hätte er nicht erwartet. Insgeheim hofft er schwer, dass sie es nicht bemerkt haben! Zögernd schaut er sie an, aber sie reagieren nicht. Er vermeint ein schelmisches Lachen seines rechten Wächters zu erkennen. Ganz galant lässt sich niemand auf diesen Lapsus ein!

Jovial überbrückt er:
„Oh ja, natürlich, wir müssen langsam weitergehen, nicht?"
Er fühlte sich so aufgehoben in diesem fröhlichen sanften Farbstrahl, dass er gar nicht ans Weiterreisen gedacht hat.

Die Wächter sagen nichts, sie nicken nur. Und so löst sich der Junge aus dieser Umarmung der Einheit und verabschiedet sich von seinen Freunden, mit denen er so viel Freude erleben durfte. Zum letzten Mal schaut er das Bild an, das sie zusammen gemalt haben. Unwillkürlich muss er schmunzeln, er hätte nicht erwartet, dass er so fröhlich und spielerisch kreativ tätig sein kann. Manchmal muss man es einfach tun, statt es lange aufzuschieben. Was würde wohl sein Drache dazu sagen? Aber möglicherweise schaut er ihm schlitzohrig über die Schulter? Immerhin ist Andrach doch sein persönlicher Seelendrache? So hat er sich wenigstens vorgestellt, als seinen persönlichen Drachen! Er schnippt mit seinen Fingern, es soll ein Zeichen werden zwischen ihm und seinem manchmal unsichtbaren Drachen. Mit diesem Zeichen soll sein Drache wissen, dass er an ihn denkt oder gerne mit ihm zusammen sein möchte. Er wird es Andrach beim nächsten Wiedersehen erklären! Er freut sich schon wieder darauf und lächelt bei diesem Gedanken. Nun schüttelt er sein wunderbares rosa-goldiges Kleid zurecht. Bald wird sein Kleid die Farbe wieder wechseln. Man muss wissen, dass, wenn man über den Regenbogen wandelt, man die Farben des jeweiligen Departements annimmt. Das verpflichtet …

Das rosa Wesen mit seiner schönen sanften Stimme flüstert ihm zum letzten Mal zu:

„Wenn du dann im Menschenkleid weilst, komme immer zu uns, wenn du Hilfe brauchst oder du deine Erinnerung auffrischen möchtest. Wir sind wie ein GPS, ein Kompass, und helfen dir, im Land des Vergessens deinen Kurs zu halten. Übrigens bin ich auch die rosa Intelligenz – die goldene Brücke in das neue Zeitalter, das sich jetzt gerade im Universum abspielt! Die Menschen erinnern sich langsam wieder an die Kraft des Herzwesens und den höheren Sinn des Lebens. In dieser Hinsicht wirst du und viele deiner Sternengeschwister den Menschen behilflich sein, um eine Kurskorrektur vorzunehmen!"

Das Gesagte macht ihn sehr nachdenklich, aber bei der Erklärung des GPS muss er doch schmunzeln, nicht schlecht.

Er weiß sehr wohl, dass er alle zur Verfügung stehende Unterstützung braucht. Und dass die Richtung und Lösung immer nur in einem selber innewohnen.

Mal sehen, ob er das in seinem Menschenkleid nicht gleich vergisst. Aber eben, deshalb wandert man ja über den Regenbogen, um alles zu programmieren und zu speichern. Das Rosa wird als Link dienen, auf den er immer wieder in die absolute Einheit zurückkehren kann. Er wird sich aber bestimmt an das Gleichnis mit dem Schneckenhaus erinnern, da ist er sich fast sicher. Dass er und die programmierte, universelle Liebe nicht getrennt werden können und es auch nie sein werden! Darin liegt alles Verstehen … hmmm …

Das rosa Wesen hat seine Gedanken gesehen.

„Wenn du dann einmal in deinem Erdenkleid bist, integrierst du alles am besten während des Schlafes. Nachts kannst du zu uns auf Besuch kommen und die Erinnerungen wiederauffrischen. Schlafe viel, damit sich deine Psyche und vor allem auch dein Körper gut erholen können. Weißt du, die Menschen sind fürchterlich müde. Ihre alten Programme funktionieren nicht mehr wie gewohnt. Die Spezies „Mensch" wird erneuert und erweitert. Das ist erschöpfend, wenn sich die chemische Struktur verändert. Deshalb lass dich nicht von ihrer Betriebsamkeit verleiten. Höre auf dein GPS!"

Das Wesen lächelt ihm zu und wuschelt ihm durch die Haare.

Er bedankt sich für dieses wunderbare Erleben, umarmt den herrlichen Farbstrahl innig und verabschiedet sich. Er verinnerlicht sich seine letzten Worte noch einmal.

Dann aber muss er langsam losziehen, ein gewisser Zeitplan muss schon eingehalten werden, damit es keine Komplikationen auf der Erde gibt.

Gerade als er sich auf den Weg machen will, sieht er aus seinem Augenwinkel ein wunderschönes Mädchen, welchem ein zauberhaftes, ganz weißes Huhn mit meterlangen glänzenden Federn folgt, um die Ecke verschwinden. Er dreht sich erstaunt um und will ihnen folgen. Aber seine Wächter lassen das nicht zu und stellen sich direkt vor ihn hin. Er ist etwas brüskiert. Diese Art ist er nicht von ihnen gewohnt. Er schaut sie an wie ein großes Fragezeichen. Aber sie reagieren nicht darauf. Es nutzt auch nichts, wenn er motzen würde, das weiß er. Also lässt er es gleich bleiben. Er stampft nur kurz mit seinem Fuß und grummelt kurz vor sich hin, um seinen Unmut zu zeigen.

Auch wenn die Wächter seine Gedanken vernommen haben, antworten sie nicht.

So führen sie ihn einfach weiter auf den nächsten Pfad.

Aber auf diese Traumerscheinung wüsste er gerne eine Antwort.

Er schaut zurück, um das letzte bisschen dieser Vision zu erhaschen. Vergebens, die Vision ist verschwunden und die Wächter führen ihn weiter.

Etwas durcheinander und verträumt, folgt er ihnen, und so wandeln sie alle weiter über den Regenbogen.

Noch lange haftet das Erlebte der rosafarbenen Herzkraft-Dimension um den Jungen und er lächelt verzückt. Natürlich auch, weil er an das schöne Mädchen denkt. Er weiß nicht, was es damit auf sich hat und weshalb er ihr nicht folgen durfte. Er schaut seine Wächter an, die natürlich immer noch nichts dazu sagen. Er wird ihr wieder einmal begegnen, irgendwann. Aber das dürfen sie ihn nicht wissen lassen.

Er weiß gar nicht, wie lange sie schon alle unterwegs waren, da, wie wir wissen, Zeit auf der Regenbogenbrücke keine Relevanz hat. Er seufzt tief und wandelt weiter.

Während sie still dahinwandeln, fühlt er eine seltsame Regung in seinem Herzzentrum. Er streckt seinen Rücken und erhebt seinen Kopf. Erstaunt blickt er sich um, hinter ihm kann er nichts erkennen. Rechts und links stehen seine Wächter, da ist auch nichts auszumachen. Und vor ihnen kann er nichts als den üblichen Regenbogenpfad erkennen. Nichts Abnormes.

„Ich muss hier eine Weile Pause machen, meine Wächter. Mein Herz macht seltsame Kapriolen. Bevor es mir in die Hosen fällt, die ich nicht trage, möchte ich das erst mal beobachten, bevor wir weiterwandern."

Seine Wächter schmunzeln, nicken und bleiben auch stehen.

Er schließt die Augen, um ganz aufmerksam in sich hineinzuhören. Er spürt etwas, aber es scheint ihm, dass alles im harmonischen Fluss weiterfließt. Während er sich so auf sein Wesen konzentriert, stupsen ihn seine Wächter sehr sanft an. Langsam öffnet er die Augen.

Seine Augen werden immer größer vor lauter Staunen.

Ein lichter Wald mit hohen Bäumen erscheint wie eine Fata-Morgana vor ihnen. Die Bäume sind schlank, sehr hoch und strömen herrlichsten Nadelduft aus. Der Waldboden ist mit hellem Moos bedeckt und von Licht durchflutet. Der Junge schaut weit hinauf in die Bäume, die sanft hin- und herschwingen. Sie scheinen zu leben. Es scheint ihm sogar, sie lächeln ihn an.

Eine sinnliche, verführerische Stimme flüstert durch die Bäume:

„Mein Junge, warum schreitest du nicht auf unseren weichen Waldboden, der sich wie ein Teppich anfühlt? Wir haben dich erwartet!"

Wieder schwenken sie sich in graziler Bewegung und eine Bäumin neigt sich ihm freundlich entgegen. Der Duft von frischem Harz steigt ihm in die Nase und zaubert ein Lächeln auf sein erstauntes Gesicht. Er hört, wie sich die Bäume hoch oben in ihren Kronen Dinge zuflüstern.

Sie sind so hoch, dass, wenn er weit nach oben schaut, sich die Kronen fast wie in einer Kuppel vereinen.

Smaragdgrün

Zögernd schreitet er nun auf den herrlich duftenden Waldboden. Ein Waldgeist nähert sich ihm und bleibt in einiger Entfernung vor dem Jungen und den Wächtern stehen. Der Junge beobachtet den freundlichen Waldgeist, der etwas ernst dreinschaut. Gleichzeitig spielt er mit seinen Zehen, die sich in dem herrlich frischen moosigen Boden vergraben. Kleine dünne Nadeln pieken ihn, aber das stört ihn nicht, es dient fast wie eine Fußmassage. Ein wenig warmes Moos drückt sich zwischen seine Zehen und er muss lachen, weil es aussieht, als wären seine Füße kleine Waldgeister. Er fühlt die Wärme, die aus dem Boden strömt und ihn nährt. Er hört das Flüstern des Waldes, das die Geschichte über ihn erzählt.

Es huscht und raschelt zwischen den Blättern und dem Gebüsch, ohne dass er etwas erkennen kann. Der Wald lebt. Seine Wächter stehen bei ihm und fühlen sich sehr wohl. Der Waldgeist bleibt an Ort und Stelle und wartet auf ein Zeichen der Bereitschaft des Jungen. Der aber hebt sein Gesicht in den Himmel, damit die Sonne ihn direkt bescheinen kann. Füße tief im Moos, Gesicht frei gen Himmel gerichtet. So steht er tief versunken und verwurzelt mit dem Geschehen. Noch weiß er nicht, was der Waldgeist ihm zu erzählen hat. Das wird er aber bald erfahren.

Mit gelassener Stimme beginnt der Geist:

„Ich bin deine Verbindung von Himmel und Erde. Genau so, wie du jetzt dastehst, so stehen wir auch. Unsere Wurzeln reichen tief in die Erde, da holen wir uns die Kraft, die wir brauchen, um unser ganzes Baumwesen zu nähren und zu stärken, damit wir diese Kraft in der Krone entfalten können. Die Krone nährt sich wiederum von der Sonne, die ihre Kraft nach unten in die Wurzeln weiterleitet. Siehst du, von oben, unserer Krone, bringen wir das Licht in unseren Körper, welcher unsere Äste, Stamm und Blätter sind. Dann lassen wir es hindurchfließen bis hinunter zu unseren Wurzeln. Von da verteilen wir die Kraft wieder in die Erde ..."

Pause – Stille – Staunen.

„Der Vortex verteilt die Lebenskraft von oben nach unten und umgekehrt, das bedeutet auch Informationsaustauch. Alles ist ein ständiger Energieaustausch und deshalb auch ein Informationsaustausch! Du siehst, alles atmet. Leben ist überall und es ist die Essenz jeglicher Manifestation!"

Der Waldgeist hat ganz ruhig und behäbig gesprochen, ohne den Jungen in seiner Vertiefung zu unterbrechen.

„So viel Unterschied von Mensch und Baum ist da nicht. Wenn man bedenkt, dass auch wir Bäume und Pflanzen denken und empfinden können! Erzähl das einmal deinen Menschen, wenn du dermal einst auf Erden weilst! Die werden dich schön auslachen. Wenn sie uns vergessen, vernachlässigen und nicht mehr als ihre Begleiter schätzen, haben auch sie, die Menschen, keine Daseinsform mehr auf dem Planeten!

Nicht nur sind wir für das planetarische Klima zuständig, sondern auch für die Zersetzung der Erde und der Insekten, die uns bewohnen!"

Der Waldgeist schweigt und betrachtet den Jungen, der sich ganz hingegeben hat.

Dann spricht er weiter:

„Wir senden sehr leise Melodien aus, die das jeweilige Gebiet, in dem wir wohnen, harmonisieren. Möchtest du es auch hören?"

Jetzt schaut der Junge neugierig in den Wald hinein. Er hat seine Augen geöffnet, nachdem der Waldgeist gesprochen hat. Er hört noch immer das Durcheinander vom Geflüster, das aus den Baumkronen kommt, es ist wohltuend und beruhigend. Er lächelt unwillkürlich.

Er würde gerne die Melodien hören, die sie aussenden. Irgendwie fühlt er sich jetzt schon zutiefst mit den Bäumen verbunden. So, als hätte er eine ganze Menge neuer Freunde gewonnen. Er atmet wieder einmal tief durch, so wie es eben seine Art ist. Damit gibt er Zeichen, dass er präsent ist für weiteres Mentoring seitens des Waldes.

Der Waldgeist nickt den Wächtern zu, sie sollen ihm folgen. Er fürchtet sich überhaupt nicht, dem Waldgeist zu folgen. Die Wächter führen den Jungen hinter dem schwebenden Waldgeist her. Der Junge schaut nach rechts und links, nimmt alles auf, auch die vielen verschiedenen Gerüche, die sehr intensiv sind. Er liebt das Moos und den frischen Duft der jungen Tannensprossen. Der Duft des Harzes ist immer noch stark. Er fühlt sich leicht und beflügelt und tatenfreudig. Mühelos folgt er seinen Wächtern, ohne wissen zu wollen, wohin der Weg führt. Der Wald selbst ist ein Ort der Erholung, ein Zuhause, das mit seinem Innenleben korrespondiert.

Er spürt, wie herrliche grüne Farben ihn umspülen und ihn anheben. Er berührt die Bäume, wenn sie an ihnen vorbeigehen. Er will Kontakt schaffen, er will ihre Kraft spüren und sich mit ihnen vereinen. Wo immer sie hingehen, wird der Waldgeist von den Bäumen mit Anerkennung begrüßt und der grüßt mit einem leichten Nicken zurück.

Jetzt hört der Junge seinen Namen rufen, den Namen, den er dann einmal in seinem Erdenleben tragen wird. Das verblüfft ihn sehr und er schaut sich überall um. Die Stimme ist von den Bäumen gekommen. Niemand aber scheint ihm Aufmerksamkeit zu schenken. Die Bäume spielen mit ihm, sie scheinen ihm ein Lied zu singen.

„Wir sind deine Begleiter, wo immer du hingehst, werden wir mit dir sein. Wir wollen dir etwas zeigen. Kommt mit uns."
Soll mal einer sagen, es sei langweilig, über den Regenbogen zu reisen! Er hat kaum Zeit, sich von einem zum nächsten Farbstrahl zu erholen. Da geht's nonstop immer weiter.

Der Waldgeist führt ihn mitten in den dunkler werdenden Wald. Wenigstens scheint es dunkler, weil weniger Sonnenlicht durchdringen kann und die Kronen dichter zusammenstehen.

Bei einem großen, greisen, wunderschönen knorrigen alten Baum bleibt der Waldgeist stehen und die Stimmen der Bäume verstummen. Ein kleines Ästchen bleibt im wilden Haarschopf des Jungen hängen. Der Junge schaut sich genau um, schaut auf seine treuen Wächter, die beide neben ihm stehen. Der Wächter zur Rechten spielt mit dem kleinen Ästchen in den Haaren seines Jungen und entfernt es sachte und ohne an den Haaren zu zerren. Der Junge ist unglaublich erstaunt und zeigt es auch. Eine so liebevolle Geste hat er noch nicht erlebt von seinem Kriegerwächter. Er betrachtet die beiden noch mal, lächelt, und dann schaut er direkt in das Gesicht des Waldgeistes und verkündet seine Bereitschaft.

Der greise, knorrige Baum öffnet plötzlich eine Tür in seinem großen Stamm. Die Tür öffnet sich langsam und heilsames Licht strömt aus diesem Tor. Der Waldgeist bittet den Jungen und seine Wächter, einzutreten.

Ehrfürchtig tritt er in den Lichtstrahl ein und zusammen gleiten sie durch das Tor. Das Licht wird von Wächtern, die diesen geheimen Ort beschützen, ausgestrahlt. Sie betrachten den Jungen und befinden ihn für würdig. Die Wächter des Jungen werden mit einem speziellen Wächtergruß begrüßt. Wächter unter sich begrüßen sich mit einem geheimen Code! Natürlich nur für Wächter bestimmt, deshalb kann das hier auch nicht näher erläutert werden.

Der Junge und seine Wächter schauen sich gründlich um. Tiefer im lichten Raum spielen Feen und Elfen, Tiere und knorrige Waldgeister und zelebrieren friedlich zusammen. Sie bereiten herrlich duftendes Essen vor, das auf einem mächtig massiven Holztisch aufgetischt wird.

Gerade haben einige Feen bemerkt, dass Besuch gekommen ist. Sie kommen auf den Jungen und seine Wächter zu und laden sie ein, mit ihnen an dem Tisch zu sitzen. Eine große, fröhliche Zusammenkunft scheint hier im Gange zu sein.

Der große Waldgeist wird mit Respekt begrüßt und an einen speziell schönen Thron geführt.

Herrliche Kronleuchter hängen über dem Tisch und werfen ihr sanftes, helles Licht in den großen gemütlichen Raum. Ein sehr großer Raum, der die Größe je nach Bedarf und Geschehen verändern kann und sich anpasst. Der Raum ist gewölbt und lässt von oben das Sonnenlicht durch, das sich mit dem farbigen Licht der Kronleuchter vermischt. Der Junge bestaunt alles und lässt sich von den Elfen führen. Manchmal stolpert er, weil er gar nicht genug bekommt vom Herumschauen und deshalb zu wenig auf seinen Weg achtet. Üppigkeit und Fülle ist überall auszumachen.

„Wow, ist das alles beeindruckend und schön."

Der Junge haucht diese Worte mehr zu sich selbst als zu irgendjemandem, während er weiter neugierig alles beobachtet. Seine Wächter lächeln, weil sie sehen, wie verzaubert der Junge ist. Eigentlich sind sie ja neutral, aber seit dem Besuch in der blauen Dimension hat sich wirklich etwas verändert beim Wächter zu seiner Rechten. Er zeigt etwas mehr Nähe und ist offener geworden.

Die Feen führen den Jungen an den Tisch und er beobachtet, wie alles seine Ordnung hat, auch inmitten dieser festlichen Vorbereitungen. Alle huschen geschäftig umher und reichen sich Teller, Esswaren, Süßigkeiten, von denen er keine Ahnung hat und die sich von den Süßigkeiten in der rosa Dimension unterscheiden. Die knorrigen Baumgeister sind stark, aber scheu. Sie sind diejenigen, die die schweren Töpfe, beladen mit feinen Sachen, tragen.

Sie zeigen sich dem Jungen sehr entgegenkommend, jedoch ohne viele Worte.

Der große Waldgeist hat sich auf den speziellen Thron gesetzt und wird von Elfenköniginnen umgarnt und bedient.

Als sich das geschäftige Treiben beruhigt und alle um den großen Tisch sitzen, beginnt der große Waldgeist zu sprechen.

Alle schauen jetzt auf den Jungen, der plötzlich errötet und sich unwohl fühlt bei so viel Aufmerksamkeit.
Die Stimme des Waldgeistes hat sich verändert und ist jetzt sehr tief.

„Mein lieber Junge, und Wächter des Jungen, wir heißen euch herzlich willkommen. Das ist unser Zuhause, wir haben euch eingeladen, dem Jungen einen Wunsch zu erfüllen."
Verschmitzt schaut der Waldgeist den Jungen an. Der weiß noch nicht, was ihn erwartet, und ist sich auch nicht bewusst, was er sich gewünscht hat, noch dass er sich überhaupt etwas gewünscht hat.

„Als du deine Reise über den Regenbogen begonnen hast, musstest du dich von deiner Familie verabschieden. Wir wissen, wie viel Kummer und Traurigkeit dir das verursacht hat. Dein Vater und dein Bruder konnten damals nicht anwesend sein. Nicht, weil sie es nicht wollten, einfach, weil es nicht möglich war. Für heute haben wir dir ein Geschenk vorbereitet."

Er deutet mit seiner Hand auf eine der Feenköniginnen und diese öffnet, ohne etwas zu berühren, nur durch gedankliche Impulse, eine weitere Tür im großen Raum, die der Junge noch gar nicht bemerkt hat. Die Tür öffnet sich ohne jegliches Geräusch.
Der Junge erstarrt. Seine Augen werden groß und sein Mund öffnet sich, als ob er etwas ausrufen möchte.
Wie ist das nur möglich? Sein lang vermisster Vater erscheint durch die Tür!
Er fällt fast vom Stuhl und verschluckt sich am süßen Getränk. Soll er jetzt auf ihn zu rennen oder vor lauter Freude heulen? Er ist zutiefst berührt und weiß kaum, wie er reagieren soll.
Nach dem ersten Blitzschock steht er langsam und bedächtig auf, alle Augen sind auf ihn gerichtet. Fast wie in Zeitlupe geht er seinem Vater entgegen. Der empfängt ihn mit offenem Herzen und die beiden umarmen sich innig und lange. Tränen der Freude rinnen dem Jungen über die Wangen, er spürt sie gar nicht. Er ist hin und weg vor Freude.

Das Fest wird weitergefeiert, Essen aufgetragen, Getränke werden verteilt und einige haben angefangen zu tanzen.

Der Junge und sein Vater haben sich nach inniger Begrüßung hingesetzt. Lange betrachtet der Junge seinen Vater, den er schon lange nicht mehr gesehen hat. Auch sein Vater schaut sich seinen Jungen, der bald andere Eltern, Menscheneltern, haben wird, genau an. Als er ihn zum letzten Mal gesehen hat, war er noch ein kleiner Junge. Mittlerweile ist er gereift und hat einen wissenden Ausdruck entwickelt, der vorher nicht da war. Er ist sehr stolz auf seinen Sohn.

Nachdem sie sich genügend aufeinander eingestimmt haben, beginnt der Junge, jede Einzelheit seiner bisherigen Reise über den Regenbogen zu erzählen. Der Vater ist ein aufmerksamer Zuhörer und unterbricht seinen Sohn nur selten, um wichtige Fragen zu stellen.

Auch die Wächter des Jungen und die Wächter des Vaters tauschen sich aus und vergleichen die ungleichen Geschichten der beiden.

Der Waldgeist beobachtet alles und verbreitet großen Frieden, allein durch seine Gegenwart.

Während das Fest friedlich weitergeht, erscheint ein herrlich leuchtender Engel, ganz in fließende grüne und goldene Kleider gehüllt. Er steuert direkt auf den Jungen und seinen Vater zu. Einige der Partygäste sind erstaunt, Raphael hier begrüßen zu dürfen, und halten mitten im Tanzen oder beim Essen inne. Aber allgemein scheint es ziemlich normal zu sein, dass sich Raphael, Hüter des smaragdgrünen Strahls, manchmal hier aufhält.

Raphael breitet seine goldenen Flügel über die beiden und schützt sie vor Hinguckern.

Der Junge erschrickt, weil er so tief im Gespräch war mit seinem Vater. Der Vater aber freut sich mächtig, den fröhlichen und freundlichen Raphael, den großen Heiler und Psychologen sehen zu dürfen. Er kennt ihn schon lange aus seinen wissenschaftlichen und eigenen psychologischen Studien. Die beiden begrüßen sich anerkennend und nun steht der Junge auf, um Raphael für sein Kommen zu danken.

Raphael lächelt die beiden an und spricht mit ruhiger, wohlklingender Stimme.

„Ihr mögt erstaunt sein, mich hier zu sehen. Aber ich freue mich sehr, ein paar Korrekturen in eurem Energiefeld, das sich über die Generationen weitergezogen hat, zu vollbringen, um die Energieströme neu zu verteilen. Es gibt ein paar Dinge, die ihr noch wissen sollt, bevor die Reise für euch beide weitergeht. Die Form oder Begebenheiten alter Informationen müssen erneuert werden, damit Neues entstehen kann. Das ist mein momentanes Hauptthema: die Erlösung alter Seelen und die geistige Weiterentwicklung der Menschenspezies, um sie auf eine höhere Schwingungsfrequenz zu erheben."

Der Vater steht erneut auf, um Respekt zu zeigen und seine Bereitwilligkeit zu bekunden.

Der Junge nickt nur, weil er nicht weiß, was es zu bewältigen gibt. Er bleibt gelassen, weil er seinen Vater beobachtet, der keinerlei Anstalten von Unruhe oder Zweifel zeigt. Also lässt er einfach geschehen, was geschehen soll.

Bedächtig beginnt Raphael seine Geschichte zu erzählen.

Im Geheimen wundert sich der Junge, ob denn alle Menschen diese neue, sich öffnende Schwingungsfrequenz erleben wollen. Raphael reagiert noch nicht auf die Zweifel des Jungen.

„Es war vor sehr langer, linearer Erdenzeit, als die Erde noch in Harmonie mit den geistigen Gesetzen war und der Austausch mit anderen Sternensystemen normal war.

Mächte aus fernen Galaxien haben sich später ebenfalls auf Planet Erde eingeschleust und die Harmonie war immer weniger gewährleistet. Die Mächte begannen, den Austausch der lichten Ebenen zu boykottieren, ihre Macht zu missbrauchen und Kriege wurden immer häufiger. Viele der damals lichten Menschen verloren ihren Glauben an das Gute und wurden von den Mächten und deren Machenschaften manipuliert und verschleppt. Die Zeiten wurden sehr schwierig, auch für uns, da wir unser Wirken einschränken oder unsichtbar machen mussten. Auch du, mein Junge, hast noch programmierte Angstgedankenmuster, die aus der damaligen Zeit stammen. Alte Fesseln, die dich noch gefangen halten. Du bist dir dessen nicht bewusst, nicht, solange du in den lichten Sphären verweilst. Du wirst es erst inne, wenn du im Schattenland bist. Wir, der Waldgeist, die Bäume, die deine Freunde sind, die Elemente und ich, offerieren dir Heilung. Diese Neuprogrammierung dient der Rückverbindung zu deinen höheren Sternensystemen. Die immensen Auswirkungen werden sich dann erst im Menschenkleid zeigen. Was meinst du?"

Der Junge denkt über alles nach, er lässt sich Zeit. Irgendwie leicht verschnörkelt, hat er doch Antwort auf seine Zweifel bekommen.

Dann schaut er seinen Vater und seine Wächter an. Er will Bestätigung über seine Entscheidung. Der Vater lächelt nur und zieht seine rechte Augenbraue etwas in die Höhe. Die Wächter nicken leicht, ohne ihn zu beeinflussen.

„Ja, ich verstehe, was du sagst, Raphael. Mein großer Bruder hat mir immer wieder davon erzählt. Er hat sich schon früh für die DNS-Informationen und Programme interessiert. Ramosh hat mir Geschichten über die Gefangenschaft der Menschheit und anderer Wesen in der blockierten Spirale erzählt. So wie mein Vater, der lange wissenschaftlich tätig war."

Wobei er jetzt seinen Vater stolz ansieht. Der umarmt seinen Sohn und beide stellen sich zur Verfügung, um die alten Programme bis hin zu ihren Vor-vorvätern zu löschen, um die Resonanz zu verändern.

„Das freut uns sehr, weil ihr damit nicht nur eure Programme korrigiert, sondern allen, denen ihr begegnet, helfen könnt. Nicht indem ihr etwas tut, sondern indem ihr neue elektronische Wellen aussendet. Vor allem, mein Junge, wenn du zu den Menschen gehst. Sie sind fast alle verkehrt herum programmiert, damit sie sich nicht mehr an ihr Paradies und ihre Schöpferkraft erinnern können. Die Menschen sind zu einem genetischen Programm geworden. Das Paradies, die höher entwickelten Lichtstätten, wohnt in jedem einzelnen geistigen Menschen drin und hat nichts mit einem Ort zu tun. Es sind Gedankenschwingungen, die alles verändern. Zum Edlen und Guten, oder eben nicht. Jeder Körper ist eine großartige Schöpfung, der mit dem universellen, göttlichen Lebensfluss verbunden ist. Leider sind sich die Menschen dieser Zusammenhänge nicht mehr bewusst und behandeln ihr Gefährt mit viel zu wenig Respekt.

Die Zeiten auf Erden verändern sich radikal und sehr schnell. Die Menschen sind verzweifelt und suchen ihren Frieden, den sie vor vielen Hunderttausenden von Jahren verloren haben."

Der Vater ist informiert, wie es um die Erde steht. Es ist ziemlich schlimm, er arbeitet ja für das galaktische Konzil und dort wird immer wieder über neue Verhandlungen debattiert. Welche Kräfte jetzt schon auf Erden freigesetzt werden dürfen und welche biologischen Veränderungen stattfinden müssen, um das alte Paradies, das die Erde einmal war, wiederherzustellen. Es ist ein großer Machtkampf im Schattenland, der langsam zu seinem Ende kommt.

Raphael bittet die beiden sich vis-á-vis gegenüber zu setzen.

„Wenn ihr jetzt bitte eure Hände gegeneinanderhaltet, damit wir eine Energieübertragung machen können."

Raphael hebt die Arme der beiden und führt die Hände des Jungen an die Handflächen des Vaters. Handfläche an Handfläche sitzen sie sich gegenüber. Die beiden schauen sich an und der Vater zieht wieder seine Augenbraue hoch und lacht dazu. Der Junge ist mächtig gespannt, was jetzt passieren soll.

„Na dann, mein Junge. Lass es rocken …", wobei er sich noch einmal bequem auf dem Stuhl einnistet, da er nicht weiß, wie lange die Sitzung dauert.

Raphael beginnt, sein Licht im ganzen Raum auszustrahlen, er singt einen Ton, der seine Helfer mobilisiert. Durch diesen Ton werden neue Informationen in die Form gestrahlt. Automatisch erwacht die Erinnerung an den Orca wieder, da wurden auch nur mit einem einzigen Ton, einer einzigen Schwingungswelle, die Zellen des Jungen aktiviert. Nun kommen tanzende Paare und Elfen und bilden einen Kreis um die Szene. Alle nehmen Raphaels Klang auf. Die Kraft dieses Klangs bringt alles in Schwingung. Der große Raum beginnt sich zu verändern, und das Licht wird sehr intensiv. Nur wenige der Partygäste essen und trinken weiter. Die meisten haben sich in den Reigen eingeschaltet.

Raphael beginnt in einer seltsamen Sprache zu sprechen, es hört sich monoton an und ist für den Jungen nur gefühlsmäßig verständlich. Er schaut kurz auf seinen Vater, der seine Augen geschlossen hat und sich voll konzentriert. Er beobachtet, wie kleine elektrische Kraftströme, die wie Blitze aussehen, von den Händen seines Vaters in die seinen fließen. Nach einer Weile des Zuschauens schließt auch er seine Augen und plötzlich erscheinen holographische Bilder vor seinem inneren Auge. Er weiß nicht, woher sie kommen oder wer diese Bilder in seinen Kopf schleust. Sind das seine eigenen Erinnerungen aus alten Zeiten oder sind es die von seinen Ahnen? Es sind keine schönen Bilder und er beginnt, sich nervös auf seinem Stuhl hin und her zu bewegen. Es fühlt sich an wie ein böser Traum, aus dem er aufwachen möchte. Am liebsten würde er die Sitzung sofort unterbrechen. Der Vater spürt seinen Sohn, ohne die Augen zu öffnen. Er lässt mehr Heilkraft durch seine Hände fließen, um den Jungen zu unterstützen. Der spürt die Kraft, die sich mit seiner eigenen vereint, und wird ruhiger. Der Junge schließt die Augen wieder, in der Hoffnung, dass die inneren Bilder verschwinden.

Raphael spricht halb und singt halb den Heilgesang. Starke elektrische Energieströme fließen mitten in die holographischen Visionen des Jungen. Die Erinnerungen beginnen sich auf alle Seiten zu verbiegen, kämpfen miteinander um deren Beachtung und ihre emotionale Intensität. Sie haben ein Eigenleben entwickelt, über das er absolut keine Kontrolle hat. Dem Jungen wird übel und ganz schwindlig. Er würgt, aber bleibt tapfer sitzen. Nach längerem innerem Kampf werden die Bilder unscharf und verlieren ihre Kraft. Der Vater verschärft das Download der Energien, das Raphael ihnen übermittelt. Der Junge wird ganz schläfrig und ist überaus dankbar, dass sein Vater hier ist und ihn unterstützt. Er lächelt und lässt sich tief hineinfallen. Er spürt die Entspannung, wie die Angst aus seiner Muskulatur strömt und sich auflöst.

Spiralförmig wird er in sein eigenes Gehirn und seinen Mentalkörper gezogen. Dort zeigen sich unzählige Farben, und sie formen geometrische Muster, die so schnell ablaufen, dass er sich nicht darauf konzentrieren kann. Er befindet sich inmitten eines farbigen Horrortrips. Alles bewegt sich in seinem Gehirn, Farben wirbeln kunterbunt durcheinander und sie lachen laut. Ja, die Farben lachen übermütig und leicht unkontrolliert! Der Junge ist überwältigt, was da abläuft. Er betrachtet sich selbst von irgendwoher. Die Übelkeit wird noch größer. Dennoch lässt er es geschehen, er kann sich gar nicht dagegen wehren. Er wird sehr müde, seine Chemie und sein Körper scheinen sich von ihm getrennt zu haben. Zum Glück hält ihn die Kraft seines Vaters aufrecht, sonst würde er vom Stuhl kippen.

Die Umstehenden unterstützen den Prozess mit ihren Mantras. Raphael strömt nun mächtige Heilkraft in die Synapsen des Jungen und gleichzeitig beginnt er, die Erinnerungsströme zu korrigieren.

Der Junge fühlt sich wie in einem Film. Er ist fest in seinem Körper, aber die Visionen und Bilder haben gefühlsmäßig nichts mehr mit ihm zu tun. Er spürt, dass Angst und Zweifel jegliche Fülle bremsen. Eine Seele kann sich in diesen verstümmelten und verzerrten Glaubensmustern und Programmierungen nicht entfalten. Vage beginnen sich Erkenntnisse aus der Spirale, die sich sehr sachte aufzulösen beginnt, freizusetzen. Noch nebulös, aber überraschend logisch und klar. Er seufzt tief, als er erkennt, dass auch er aus früheren Erdenleben noch teilweise gefangen war in dunklen Schatten alter Projektionen.

Er spürt den gleichmäßigen, neuen elektrischen Rhythmus, der durch sein Wesen fließt. Es stärkt ihn augenblicklich. Und dort, wo alte Muster entfernt wurden, werden die sonnenklaren Lichtquellen-Qualitäten, die ihn mit der Zentralsonne verbinden, aufgefüllt.

Er hat gar nicht bemerkt, dass er in leichte Trance gefallen ist. Plötzlich hört er die Stimmen wieder und spürt die Hände seines Vaters. Er öffnet die Augen und schaut direkt in die offenen Augen seines Vaters, der ihn beobachtet. Am liebsten würde er weinen, weil er so glücklich ist. Sein Vater steht auf und nimmt seinen Sohn in die Arme. Goldenes, grünes klares Licht überstrahlt alles, und die Wesen, die sich im Kreis versammelt haben, beginnen wieder zu tanzen, um der großen Freude Ausdruck zu verleihen.

Sanft spricht Raphael zu den beiden:

„Was im Kleinen geschieht, geschieht auch im Großen. Durch die Heilung des Gesetzesbruchs und der Verzerrungen vor langer, langer Zeit wirst du, mein Junge, diese Neukodierung auf den Planeten, das Schattenland, bringen. Das Bewusstsein der Erde braucht diese Korrektur dringend. Viele Seelen, die mit unserem Strahl zusammenarbeiten, werden dem Lebensraum und den Elementen des Planeten helfen, sich zu erneuern, um ihre ursprüngliche Aufgabe wieder erfüllen zu können. Und dies wird auch vielen anderen Dimensionen helfen, sich zu erholen von geistigem, mentalem, biologischem und energetischem Missbrauch und Unterdrückung."

Raphael lässt tiefes Grün und Gold zu den beiden fließen und dann lässt er die beiden allein, damit sie sich erholen können.

Das Fest geht weiter, alle erzählen durcheinander, weil die meisten auch was abbekommen haben und Energien verwandeln konnten.

Der ganze hohe mächtige Raum, der sich ausgedehnt hat und noch größer geworden ist, ist in harmonische Grünschattierungen gehüllt und die Lichter der Kronleuchter spiegeln wunderschöne Muster in den Raum. Raphael wird eingeladen, mit ihnen zu speisen.

Der Wald bedankt sich herzlich bei Raphael, weil auch sie sich aus alten holographischen Ketten lösen konnten.
Der alte weise knorrige Baum, der alles, aber auch alles, überlebt hat, lächelt still. Der Wald, alle Wälder, sogar die gigantischen Urwälder sind in diesem alten knorrigen Baum enthalten. Und der alte knorrige Baum ist in allen Wäldern. Er ist die Seele aller Wälder. Er ist der Lehrmeister aller Bäume.

Der Junge ist müde vom Geschehen und lässt sich einkuscheln von den starken Armen seines Vaters. Er weiß nicht, wie lange er noch bei ihm bleiben wird, deshalb will er jeden Moment genießen. Er will den Geruch des Vaters imprägnieren, damit er ihn mit auf seine Erdenreise mitnehmen kann. Gerüche helfen, Erinnerungen wachzuhalten oder sie zu wecken.

Nach geraumer Weile des Ausruhens mischen sich der Junge und der Vater wieder unter die Partygäste. Sie werden herzlich aufgenommen und man bedankt sich beim Jungen, weil er im ganzen Raum der Einzige ist, der sich in ein Menschenkleid stürzen wird und diese Neuprogrammierung auf Erden verteilen wird. Das war eine bewunderungswürdige Leistung des Jungen.
Der alte weise Baum dehnt seine Heilkraft über den Jungen aus und beschenkt ihn mit den herrlichsten Düften, die vom Nervensystem aufgenommen und sofort verwertet werden. Der Junge liebt den Baum und umarmt ihn. Er schließt die Augen, um sich ganz auf die Düfte einzulassen. Es wird ihm ganz leicht und er regeneriert sich schnell. Sein Herz öffnet sich und er kann tiefer einatmen als zuvor. Er atmet mit dem Baum. Der Baum umarmt den Jungen zurück.
Nachdem sie sich wieder gesetzt und fürstlich gegessen haben, steht Raphael auf.
Er stellt sich in die Mitte des großen, lichtdurchfluteten Raums und zückt sein Spiralschwert. Der Junge beobachtet ihn, steht auf, geht zurück zum Baum und lehnt sich an seinen Freund. Er will zusehen, was Raphael erneut im Schilde führt. Plötzlich

richtet Raphael das Schwert direkt auf den Jungen, mitten auf den Solarplexus.

Der erschrickt und ruft überrascht:

„Oh Hilfe, ein weiterer Initiationsprozess? Raphael, dürfte ich erst mein Essen verdauen?"

Einige lachen herzlich über diesen Kommentar des Jungen. Aber Raphael antwortet nicht.

Unverzüglich beginnt sich eine Schlange aus dem Spiralstab zu schlängeln. Die Schlange ist smaragdgrün-silbergrau mit leuchtenden regenbogenfarbenen Punkten und goldenen Augen.

Der Junge erschrickt erneut, aber schaut mutig direkt in ihre goldenen Augen. Er fühlt die Unterstützung seines Baumes im Rücken. Diese Gegenüberstellung erinnert ihn an die leuchtenden diamantenen Köpfe zu Beginn seiner Reise.

Er hält sich am Baum fest und schluckt kurz.

Hinter seinem Rücken, ganz versteckt und nur vom Baum gesehen, schnippt er ganz leise mit seinen Fingern, um Andrach mitzuteilen, dass seine Anwesenheit seeehhhrrr gewünscht wäre. Der Baum schmunzelt, aber erwidert nichts, es bleibt ihr Geheimnis.

Die Schlange verharrt direkt vor dem Gesicht des Jungen. Sie bewegt sich nicht. Ihr Gesichtsausdruck ist neutral, aber von großem Fokus.

Das Fest geht weiter, aber einige, die sich vorhin im Kreis versammelt haben, setzen sich auf den Boden. Der Junge beobachtet das, ohne etwas zu sagen. Er streckt seine Schultern und stellt sich kerzengerade hin. Er will der Schlange zeigen, dass er keine Angst hat.

Vor allem auch, weil sein Vater ihn beobachtet, er will, dass sein Vater stolz auf ihn ist.

Der Baum lächelt leise. Er kennt das alles. Die Schlange, die Engel, das Verderben und das Neuwerden. Nichts gibt es, das er noch nicht kennt.

Der große Baum zieht den Jungen näher zu sich, um ihm Geborgenheit zu vermitteln.

Die Schlange wartet auf den Befehl ihres Meisters Raphael.

Der aber beobachtet den Jungen und den alten Meister Baum intensiv. Die Schlange wendet sich ihrem Meister zu. Worauf wartet er?

Gerade in diesem Moment zieht er sein Schwert ruckartig vom Solarplexus des Jungen weg und beginnt damit, spiralförmige Wirbel zu formen. Die Schlange schwebt dem Jungen entgegen, sie folgt dem Befehl des Schwertes. Der Junge drückt sich ganz an den Baum. Er kennt zwar ihre Symbolik, ist aber nicht so sicher, was folgt.

Der alte Baum kichert leise und hilft dem Jungen, sich ganz mit ihm zu verbinden und zusammenzuschmelzen. Nicht, um sich zu verstecken, sondern um die große Heilkraft und Ganzheit in seinem Wesen zu empfangen und wieder zu spüren.

Die Leuchtkraft des Schwertes ist gewachsen und erhellt die Umgebung in weißes Licht. Es wird ganz schön warm. Der Junge beginnt zu schwitzen.

Seine Erinnerung an die Kristallgesichter ist spontan präsent. Das hatten wir doch schon einmal!

Die Schlange bewegt sich wie das Schwert, spiralförmig rund um den Baum und den Jungen herum, der beinahe eins mit dem Baum geworden ist. Der Junge wird gänzlich mit dem Baum vereint.

Die Schlange lächelt den Jungen an, er braucht sich nicht zu fürchten.

Sie zischt dem Jungen freundlich zu:
„Hab keine Angst, Junge. Deine Seele und die große Baumseele sind eins. Dein weiser alter Baumfreund wird dich, wenn du dann im Menschenkleid bist, weiter ausbilden und die alten Wissenschaften in dir erwecken. Du wirst immer an Orten wohnen, wo Bäume wachsen. Du brauchst sie, sie sind deine Begleiter und Beschützer. Dort, wo Bäume gedeihen, ist die Energie noch einigermaßen in Ordnung und in Harmonie. Da wirst du dich zurückziehen können von den Menschen und Ruhe und Zwiegespräche finden mit deinen Baumfreunden. Wo keine Bäume wachsen, wirst du dich entwurzelt und fremd fühlen. Bäume, sie sind deine alten wissenden Meister, du verstehst ihre Sprache!"

Um die Worte der Schlange zu bestärken, verankert Raphael nun die Baumkraft im Mental-Körper des Jungen. Das wird ihm helfen, das Unmögliche möglich zu machen, wenn er im Menschenkleid wohnt. Nicht nur werden seine eigenen Heilkräfte aktiviert, er wird auch den Menschen, denen er begegnet, Heilkraft ausströmen. Auch wenn er das nicht bewusst tut, wird es dennoch seine Wirkung nicht verfehlen. Wo immer er unter den Menschen weilt, wird er durch diese Kräfte etwas bewirken.

Eben wie ein Baum das tut …

Wo Bäume stehen, fühlen sich Menschen wohl. Sie erinnern sich an den Bauplan des allgemeingültigen Lebens, den Lebensbaum. Die Elemente sind dann in Bewegung. Die Tiere und Insekten tummeln sich in den Bäumen und um die Bäume herum. Sie sind wie Säulen, die Heimat, Kraft und Wohlbefinden versprechen. Der Junge wird dieses Wissen auf natürliche Weise ausströmen. Er wird die feinstofflichen Kräfte der Bäume wie eine Antenne empfangen und wieder aussenden.

Eben wie ein Baum das tut …

Der Junge, der jetzt immer tiefer mit seinem Baum verschmilzt, verspürt Kräfte, die in jede Zelle seines Wesens versprühen. Seine Zellen werden durchgespült und erneuert. Ein sehr, sehr alter ursprünglicher dimensionaler Aspekt seines Selbst beginnt, sich zu regen. Plötzlich spürt er selber, wie es ihm schon oft gesagt wurde er aber nicht erkennen konnte, nämlich, dass er eine sehr alte originale Seele ist. Halt eben konzentriert in einem Kinderkörper.

Da er nicht im Wettbewerb Denken verhaftet ist, nimmt er diese Erkenntnis gelassen hin.

Er atmet einfach tief durch, so als AHA-Moment.

Er ist noch nicht im Menschenkleid und stellt keine Vergleiche an. Diesen großen Irrtum, den Irrtum des sich Vergleichen-Wollens mit anderen, wird er erst auf Erden herausfinden, und das wird ihn schon mal kurzfristig aus der Bahn werfen! Der Baum, der ihn unterstützt, sagt nichts. Das wird er schnell selber herausfinden dermal einst im Schattenland.

Der Junge öffnet die Augen, um der Schlange und dem Schwert von Raphael zuzusehen, wie sie zusammenarbeiten. Er drückt seinen Rücken noch tiefer in den knorrigen Baum, er will sich ganz in diesen Schutz und die Kraft hineingeben. Er winkt seinem Vater fröhlich zu, ohne sich zu bewegen, nur eine kleine Geste mit seinen Fingern.

Die Wesen, die sich auf den Boden gesetzt haben, summen ein Mantra und vereinen ihre eigenen Kräfte, um auch mit dem energetischen Muster und dem Wissen des Meisterbaumes zusammenzuschmelzen. Gleichzeitig klopfen sie mit den Händen auf den Boden. Alles vibriert leise vor Lebendigkeit.

Einige tanzen weiter und es scheint, dass diese Einweihung einfach zu diesem Fest gehört. Oder ist die Einweihung das eigentliche Fest?

Man weiß es nicht genau und fragt nicht danach. Es ist, wie es ist …

Der Junge streichelt den Baum und bedankt sich herzlich für die tiefe Verbindung.

Der greise Baum beginnt mit seinen gigantischen tiefgreifenden Wurzeln zu tanzen und lädt den Jungen ein, seine Füße auf die Wurzeln zu stellen. So beginnen die beiden zu tanzen. Der Junge ist happy und lacht mit dem Baum und den anderen, die zuschauen. Er hält sich noch fester an der dicken Rinde des Baumes, um nicht von den tanzenden Wurzeln zu rutschen. Der Baum beginnt sich in den Takt einzureihen, den die Sitzenden mit ihren Händen auf den Boden klopfen.

Es ist ein lustiges Bild, der alte knorrige Baum, der sich mit dem Jungen fröhlich im Rhythmus des Lebens bewegt. Manchmal schlüpfen seine kleinen Füße zwischen die Wurzeln des Baumes. Aber er kann sich gleich wieder ausgleichen und weitertanzen.

Die Schlange arbeitet weiter und umkreist die beiden, während Raphael sein Schwert immer noch direkt auf den Jungen hält. Während des Tanzens auf den Wurzeln verstärkt sich die Lebenskraft des Jungen. Der Baum zeigt ihm, wie er in Gedanken selbst energetische Wurzeln aus den Fußsohlen in die Erde wachsen lassen kann. Damit wird er dann später mit seinem Erdenstern Kontakt aufnehmen können. Was ihm mächtig helfen wird, wenn er im Menschenkleid ist.

Während er diese Instruktion gleich mal übt, wirbelt die Schlange aufwärts bis tief in die Krone des Baumes. Sie verbindet die außerkörperlichen Energie-Zentren des Jungen mit seinen galaktischen, universellen und sogar noch höheren Zentren. Diese wird er dermal einst, wenn nötig, mit Leichtigkeit anzapfen können. Das volle Heilprogramm wird aktiviert, damit ihm alles zur Verfügung steht, wenn er die feinstofflichen Ebenen verlässt.

Der Baum, der Himmel und Erde miteinander verbindet. Dieses Wissen wird auch der Junge später verwenden können.

Raphael schwenkt nun sein Schwert in einer Bewegung, die einer Acht gleicht, hin und her, auf und ab. Diese Bewegung gleicht alle Unebenheiten der Polaritätsströme aus. Es erinnert an die Urbewegung eines Atoms.

Der Junge lässt alles gelassen geschehen und genießt die Verwurzelung und das Tanzen mit dem Baum. Seine Freunde, sein Feen-Volk, seine Meister und vor allem sein Vater sind mit ihm. Er genießt jeden Augenblick und gibt sich völlig hin.

Plötzlich ruft die Schlange, er solle sich doch vom Wurzeltanz mit dem Baum lösen und zu ihr hinauf in die Krone kommen.

Der Junge schaut weit hinauf und dann auf seinen Vater und Raphael.

Ja, eigentlich, weshalb nicht?

Raphael lächelt, sein Vater gesellt sich zum Baum, um ihm zu helfen. Da gibt's aber nichts zu helfen. Kaum hat sich der Junge entschieden, der Einladung der Schlange zu folgen, wird er durch das strahlende Lichtschwert von Raphael in die Höhe gehoben. Leicht schwebt er der Krone entgegen und der weise Baum kichert leise in sich hinein.

„Ja, ja, so ist das. Von den tiefsten Tiefen in die höchsten Höhen. Vom persönlichen Abstieg zum Aufstieg ..."

Der Baum schwenkt seine vielen Arme und raschelt mit den Blättern.

„Setz dich zu mir hin, ich tue dir nichts, Junge."
Die Schlange zischt diese Worte und hilft ihm gleichzeitig, sich in den hohen Ästen bequem zu arrangieren. Er vertraut der Schlange und lässt sich helfen. Als er sich endlich sicher in der Krone des weisen Baumes eingenistet hat, beginnt die Schlange zu erzählen.

„Ich bin seit Anbeginn der Zeiten, die es nicht gibt, dabei. Ich bin sowohl die Verfluchung als auch die Lebenskraft, die alles durchdringt. Ich verkörpere die Leidenschaft, ich bin die Heilerin und die Zerstörerin. Ich bin der Anfang und das Ende. Den Anfang gibt es auch nicht, deshalb verkörpere ich sie beide gleichzeitig."

Sie schlängelt sich um ihn herum, nicht, um ihn einzuengen, sondern damit er sie berühren kann. Sie zwinkert ihm aufmunternd zu.

Zögernd berührt er ihre Haut und ist erstaunt, wie sanft und doch stark es sich anfühlt. Sie lässt ihm Zeit, sich mit ihr vertraut zu machen. Nicht nur mit ihrer Haut, sondern mit ihrem ganzen Wesen. Er spürt ihre Haut, sie ist wie Samt, ganz trocken, obwohl sie glänzt und strahlt. Die herrlichsten Farben erscheinen bei ihren Bewegungen und sie kann ihre Farben je nach Bedarf ändern. Während sie sich um ihn schlängelt, beobachtet sie den Jungen, sie lässt ihn nicht aus den Augen.

Sie berührt sein drittes Auge, während sie leise und monoton spricht.

„Ich verbinde dich mit dir, und du verbinde dich mit mir. Ich bin die Weisheit, die Macht, die dir innewohnt. Wecke mich in dir, arbeite mit mir. Ich bin deine Priesterschaft. Ich bin die mächtige Königin aller Heilkräfte. Bald gehst du auf deine Menschenreise. Ich weihe dich ein in die Kräfte des Lebens. Wir werden zusammenarbeiten, ich werde dich in deinem Menschenkleid immer wieder besuchen und dich an deine eigenen Kräfte erinnern. Ich bin dein Symbol, um dich an deine dir innewohnende kosmische Kraft zu erinnern. Sei weise ... wer meine Macht nicht zu nutzen weiß, zerstört sich selbst!"

Der Junge lässt sich einhüllen in ihren Schutz und hört ihr intensiv zu. Er beginnt sich ganz in ihr zu verlieren. Seine Kräfte beginnen sich auszudehnen, und er fällt schon wieder in einen sanften Trancezustand. Sie vermittelt ihm Botschaften aus dem Buch des Lebens, aus dem Universum und der Quelle. Er fühlt die Allverbundenheit wieder, die er auch bei den kristallenen Gesichtern erlebt hat. Aber, und das ängstigt ihn ein wenig, auch ihre zerstörerische Macht!

Immer und immer wird er zurückgeführt in die Ganzheit und Einheit aller Dinge. Er erkennt, dass das Menschsein nur den winzigsten Ausdruck der großen Schöpfung ausmacht. Das Leben ist eingebettet in der unendlichen unbegrenzten Größe des Alls.

Die Schöpfung erschafft und verschlingt. Ein ewigwährender Zyklus und Werdegang.

Die Schlange hört seine Erkenntnisse und ist zufrieden. Sie weiht ihn ein in die Mysterien der großen Göttin, die sie selbst symbolisiert.

Während der Einweihung in der Krone des alten Baumes wird unten auf dem Boden weitergetanzt und -gefeiert. Der Vater wartet beim Baum und wechselt ein paar Worte mit Raphael, der gleichzeitig den Jungen und seine Schlange genauestens beobachtet. Auch der Vater beobachtet seinen Sohn, den er bald in die Menschenrealität ziehen lassen muss.

Nach geraumer Weile streckt Raphael sein Lichtschwert in Richtung Krone, um der Schlange anzuzeigen, dass die Einweihung vollendet ist.

Diese hat die Aufforderung ihres Meisters empfangen und lässt die Übertragung sanft ausklingen. Der Junge ist in andere Dimensionen eingetaucht und nimmt durch alle Kanäle Informationen auf, die die große Göttin ihm übermittelt. Wieder werden ihm Heilkräfte übermittelt, die er mit zur Erde nehmen wird.

Die Schlange schaut dem tief in Trance liegenden Jungen zu. Er ist wahrhaft eine große Seele. Sie seufzt, sie weiß, dass er sich nicht freut, in das Erden-Abenteuer geschickt zu werden. Er wird sich mit dem menschlichen Bewusstsein, das noch in den kleinsten Kinderschuhen steckt, auseinandersetzen müssen. Diese Diskrepanz wird an seine körperliche Gesundheit gehen, deshalb werden ihm allergrößte Heilkräfte und Heilfrequenzen geschenkt, die er für seinen eigenen Nutzen anwenden wird.

Sie zischt um ihn herum, um ihn langsam zurückzuholen in die momentane Wirklichkeit.

Schläfrig öffnet er die Augen, ist aber noch gar nicht fokussiert. Er würde am liebsten im weiten Meer des Seins bleiben. Die Schlange weiß das, deshalb schupst sie ihn leicht an. Er muss sich an diese schnellen Wechsel des Dort- und des Hierseins gewöhnen. Er wird ein Meister des Formwandelns werden. Er wird mühelos von einer Dimension in die nächste gleiten, von einer Frequenz in die nächste, das gehört zu seiner Bestimmung.

Sie schupst ihn noch einmal und er beginnt, tief durchzuatmen. Sie säuselt und schaut ihn mit ihren goldenen Augen direkt an. Er muss die Aufmerksamkeit von der Offenheit seines dritten Auges direkt in die physischen Augen wechseln. Das muss er definitiv noch üben. Er bekommt Kopfdruck bei diesem schnellen Wechsel der Wahrnehmung.

„He, Junge, das machst du doch schon ganz gut. Atme tief, atme tiefer, fühle dich im Hier und Jetzt."

Sie tanzt um ihn herum, während er sich langsam aufrichtet.

„Fühle die Manifestationskraft, die in der Krone liegt! Hiermit kannst du deine Träume Wirklichkeit werden lassen. Schau dich genau um, bevor wir diesen hohen Platz verlassen."

Er schaut sich um und nimmt die große, unendliche Weite, das übermächtige Farbenmeer, die Stille, das Fröhlich-Sein, tief in sich auf.

„Junge, bevor wir uns wieder unter das Fest mischen, mache ich dir ein Geschenk. Wenn du dann im Menschenkleid bist

und deine große Verwandlung beginnt, von der dir Amethyst bereits erzählt hat, schenke ich dir eine meiner Häute. Sie wird dich an deinen Transformationsprozess erinnern und dich darin unterstützen. Ich werde veranlassen, dass ein dir nahestehenden Mensch dir meine Haut schenkt! Du kannst sie jetzt noch nicht mitnehmen. Aber ich schenke dir das Ritual, indem du mir zusehen sollst, wenn ich mich häute. Was denkst du? Möchtest du das?"
Der Junge ist überwältigt von diesem Geschenk.

Natürlich bejaht er das Phänomen, das sie speziell für ihn organisiert. Kaum hat er sein ‚Ja, gerne' gedacht, beginnt die Schlange, sich vorzubereiten.

Der Junge spürt ihren sofortigen Rückzug, sie zieht sich in sich selbst zurück und entzieht sich ihm. Sie braucht ihre Aufmerksamkeit für sich selbst. Ihre starken Farben werden matter und ihr Glanz wird vorübergehend schwächer.

Ihre goldenen Augen verschleiern sich und werden milchig. Sie zeigt ihm ihren Bauch, wie er leicht rötlich und trüb wird. Gebannt schaut er ihrem Prozess zu und versucht, nicht zu stören. Er würde ihr gerne Fragen stellen, aber sie braucht ihre Ruhe und den Rückzug. Was für ein Spektakel!

Nach gewisser Zeit beginnt sie, langsam ihre Haut vom Kopf nach hinten zu schälen. Die schöne Haut reißt sanft. Sie zieht die Haut über ihre vernebelten Augen. Dort bleibt ihre alte Haut etwas hängen, weil sie noch zu wenig eingerissen ist. Er möchte am liebsten wegsehen. Er hält die Hand über seine Augen und schaut zögernd zwischen seinen Fingern hindurch. Wenn das mal gut geht! Wenn bloß ihre Haut nicht lange hängenbleibt bei den Augen, denkt er sich. Was für ein Naturwunder. Am liebsten würde er ihr helfen, mischt sich aber lieber nicht ein. Sie lässt sich Zeit, bis sie ihre alte Haut unverletzt wie einen Film über die neuen Augen zieht.

Langsam und in gleichmäßigem Rhythmus schält sie sich aus ihrer alten Haut. Zentimeter um Zentimeter lässt sie das Alte hinter sich. Die alte und matte Haut bleibt am großen Baum hängen und sieht wunderschön aus. Beim Zuschauen fällt ihm auf, dass sie größer ist, als er wahrgenommen hat. Trotzdem, die Häutung dauert gar nicht allzu lange, das überrascht ihn. Der Junge ist total fasziniert, er bestaunt ihre neue Haut, die wieder ganz wunderbar glänzt. Auch die Augen sind wieder golden und leuchten wie zwei Diamanten. Er bestaunt ihre Größe und ihre Schönheit. Sie ist mehr als nur eine Schlange, sie ist Priesterin und Lebenskraftspenderin.

Langsam kehrt sie zurück aus ihrem Rückzug und schaut ihm direkt in die staunenden Augen. Leise zischt sie ihm zu:
„Ich habe dich nun in mein Mysterium eingeweiht! Ich erinnere dich an deine eigene Macht, an den Ursprung deines Wesens. Ich werde dich tief in das Wesen der Erde schicken, um dich mit dem Geheimnis der Materie zu versöhnen! Dieses Trauma deiner Erinnerungen wirst du mit meiner Hilfe endgültig überwinden lernen!"

Er berührt ihre neue zarte Haut. Er weiß, dass auch er sich mehrmals „häuten" wird. Immer wieder Altes loslassen, damit Neues gedeihen kann. Und auch den Rückzug, den wird er immer wieder suchen, um sein eigenes Energiefeld spüren zu können. In diesem Rückzug wird er sich mit seinesgleichen verbinden, mit seinen wissenden Freunden aus den lichten Bereichen.

Zärtlich streicht er über ihren frisch gehäuteten strahlenden Kopf.
„Danke für dein Geschenk, ich freue mich, wenn ich, einmal im Menschenkleid, deine Haut bekommen werde. Dann, zu dieser speziellen Zeit, wird mein neuer Zyklus im Schattenland beginnen, so hast du es und auch Amethyst hat es versprochen. Ich werde meiner Intuition, meinem inneren Kompass folgen, wo auch immer er mich hinführt."
Sie macht ein paar bestätigende Geräusche und lässt sich von ihm streicheln.

Nach gewisser heilsamer Stille umschlingt sie ihn kräftig und zusammen wirbeln sie langsam und sanft den großen Baum hinunter zurück zu den Wurzeln. Stolz lässt sie ihn auf die Füße gleiten, wo er von seinem Vater und Raphael empfangen wird. Der Baum bewegt seine alten kräftigen Wurzeln, um ihn einzuladen, sich mit der Erde zu verbinden. Alles, was er in der Krone wahrgenommen hat, soll er jetzt verankern, damit es umgesetzt werden kann.

Er wirkt immer noch etwas benommen, deshalb führt ihn sein Vater zu den Wurzeln, und zusammen stehen sie auf ihnen. Der Baum bewegt sich leicht und fährt dem Jungen durch seine Wuschelhaare. Da beginnt er zu lächeln und erst jetzt ist er wirklich im Hier angekommen.

Raphael steckt sein Schwert auf den Boden und schaut den beiden zu. Die Schlange ist wieder bei ihrem Meister. Sie windet sich um das strahlende Lichtschwert und symbolisiert so das ewige Leben als auch den Ouroboros.

Ouroboros = Kreislauf des Lebens oder Symbol für die Unendlichkeit

In ihrer stillen Verharrung, in der sie jetzt eher einer Statue gleicht, schaut sie dem Jungen zu. Sie liebt ihn sehr, wie eine Mutter ihr Kind liebt. Sie wird ihn beschützen, wenn er im Menschenkleid weilt. Kein Wunder, dass auch seine Sternenmutter ihn nicht gerne gehen ließ. Sie schaut kurz nach Raphael, ihrem Meister. Er hat ihre Gedanken gehört, lässt sie aber in Ruhe. Alle sind durch alles miteinander verbunden und bilden eine Einheit. Und doch ist jeder eine eigene Komplexität. Jedes darf in seinem eigenen Sein sein!

Einige der Partygäste kommen und heißen den Jungen willkommen. Sie freuen sich, dass er wieder unter ihnen weilt. Sie stellen sich auch auf die Wurzeln des Baumes und ein fröhliches Tanzen um den Baum herum beginnt. Mittendrin sein geliebter Vater und Raphael mit „seiner" Schlange, die diesem Treiben zuschauen.

Der Baum streckt sich, dehnt sich aus und verströmt herrlichsten Wald-Duft. Die Wälder rundherum reagieren auf diese Fröhlichkeit und flüstern einander von der Reise des Jungen in der Baumkrone zu. Schließlich haben sie es ja mitbekommen und sind stolz auf ihn.

Der alte weise Baum beginnt ein tiefes gurgelndes Lachen, das weit und breit zu hören ist. Dieses Lachen verströmt Wärme, Geborgenheit und große Heilkraft. Überall wird in dieses Lachen eingestimmt.

Die Zentralsonne zeigt ihre Strahlkraft mitten in das wirbelnde Vergnügen. Sie lacht mit ihnen und schenkt dem Jungen die letzten Erinnerungen, bevor er weiterreisen muss. Sie füllt ihn mit Licht und Freude und aktiviert seine Zellen.

Alles wirbelt ineinander und durcheinander, ohne sich je anzustoßen oder zu stören. Es ist magisch gespickt mit allergrößter Leichtigkeit.

Raphael spaziert zurück zu dem Thron, die Feenköniginnen schwirren sogleich um ihn herum und bringen ihm Getränke. Sie tanzen für ihn, er lässt sich gerne von ihnen verzaubern.

Die Schlange ist jetzt zurück im Lichtstab. Ihre Aufgabe ist momentan erledigt.

Irgendwann führt der Vater seinen Jungen etwas abseits des Baumes.

„Mein wunderbarer Junge. Ich bin so sehr stolz auf alles, was du hier leistest. Und dass du den Mut hast, dich in ein Menschenkleid zu stürzen! Ich bewundere dich dafür. Du wirst ein Transmitter sein für die Menschen! Ein großes Licht im dunklen Schattenland!

Deine Reise wird bald weitergehen und ich muss auch zurück zu meiner eigenen Aufgabe. Ich werde dich wieder besuchen kommen. Aber es wird etwas dauern. Ich denke, Amethyst wird mich zu dir senden, wenn es einmal so weit ist. Bis dahin wird einige lineare Zeit vergehen. Wir alle werden dir zur Seite stehen, auch wenn du uns dann nicht mehr sehen kannst. Versuche, uns zu fühlen!"

Der Junge, jetzt neu gestärkt, hört aufmerksam zu. Er scheint gereift zu sein. Die Einweihung und die Gegenwart seines Vaters haben ihre Wirkung nicht verfehlt.

„Ich weiß, Vater, es geht immer weiter. Und doch bleibt im Kern alles zusammen. Ich bin so dankbar, dass Raphael und Merlin dich geholt haben. Ich habe dich so sehr vermisst. Aber du hast mir Kraft gegeben. Und wenn du mir versprichst, wiederzukommen, kann ich es aushalten. Meine Sternenfamilie nicht bei mir zu haben, ist das Schwierigste auf dieser ganzen Reise!" Er seufzt und nimmt die Hand seines Vaters. Er drückt sich eng an ihn.

„Lass uns noch ein paar Schritte gehen, mein Junge."

So spazieren sie und plaudern, sagen sich noch alles, was es momentan zu sagen gibt.

„Einmal im Schattenland, lass deinen Talenten freien Lauf, mein Junge, lass dich nicht von Selbstzweifel aufhalten! Lass dich nicht erniedrigen von Menschen, die alles besser wissen wollen oder deine Talente nicht erkennen können. Vertraue dir, vertraue uns und unseren Übermittlungen zu dir! Bringe dein diamantenes Licht in eine Form, die sich für dich am besten anfühlt und dich befreit und entfaltet. Sei kreativ!"

Der Junge wiederholt die starken und wertvollen Worte seines Vaters. Sie sind liebevoll, aber bestimmt geäußert worden. Er fühlt den Stolz seines Vaters. Das gibt ihm Mut, seinen Auftrag, seine Reise so erfolgreich wie irgend möglich zu gestalten. Er will weder sich selber noch seine Sternenfamilie enttäuschen.

Als Ruhe und Einverständnis einkehrt, schlendern sie zusammen zurück zu Raphael, der sie schon von seinem Thron aus beobachtet hat. Der steht auf und kommt ihnen entgegen.

Das allgemeine Abschiednehmen fällt dem Jungen schwer.

Raphael segnet ihn zum letzten Mal, die Partygäste bedanken sich für den Input, den er und sein Vater geleistet haben. Es werden gute Wünsche und Umarmungen ausgetauscht. Dann steht er vor seinem Vater und über dessen Schulter spürt er gleichzeitig, wie der Weltenbaum ihn beobachtet. Er nimmt die Hand seines Vaters und er zieht ihn zurück zum Baum. Dort bedankt er sich innig beim alten weisen Meisterbaum, auch für das Versprechen, dass er immer an einem Ort wohnen wird, wo es Bäume gibt. Der Baum lächelt ihn an und erinnert ihn, dass er das Tanzen und die Verwurzelung nicht vergessen soll. Vater und Sohn lächeln zurück und der Junge umarmt den alten Baum innigst. Tiefe Liebe und Verständnis werden ausgetauscht. Der Vater tätschelt den Baum und verabschiedet sich auch. Das mit der Innigkeit darf der Vater lernen, noch etwas zu vertiefen. Dieses Talent durfte er bei seinem Sohn beobachten und der hat es ihm vorgemacht. Er ist wirklich stolz auf seinen Jungen.

Der Waldgeist gesellt sich zu ihnen, die vier Wächter, die die Party sehr genossen haben, ebenfalls, und so ist das Trüpplein bereit, den Smaragd-Farbstrahl zu verlassen.

Die Hüter beim Eingang zum Smaragdtempel berühren den Jungen und wünschen ihm eine erfolgreiche Weiterreise. Sie bewundern ihn für seinen Mut, sich ins Menschenbewusstsein einzuschleusen. Als ob er eine Wahl gehabt hätte? Dennoch bedankt er sich bei den leuchtenden Wesen und demütig verinnerlicht er ihr große Schönheit.

Sie wandern zurück durch den lichten, wie eine Kathedrale aussehenden Wald. Der Junge wendet sich immer wieder um und winkt den Zurückgebliebenen, die ebenfalls zurückwinken.

Die Bäume rascheln und rauschen und berühren den Jungen immer wieder, sie flüstern ihm zu:

„Wir sind dein Herzschlag! Wir sind deine Wurzeln, dein Netzwerk, wir sind deine Erneuerung, habe Mut, die Aufgabe deiner Seele zu entfalten und sie zu leben ..."

Ähnliche Worte, wie sein Vater gesprochen hat. Die Bäume singen es durcheinander in einem harmonischen Rhythmus. Er schaut zu ihnen auf, sie lächeln zurück. Wieder fühlt er das weiche Moos und riecht die herrlichsten Düfte, die der Wald so großzügig verschwendet.

Raphael, der sie mit dem Waldgeist begleitet hat, hält seine Hand auf die Schulter des Jungen.

„Nun, mein Junge, es ist Zeit, sich von deinem Vater zu verabschieden."

Vater und Sohn schauen sich an, dann umarmen sie sich herzlich. Viel gibt es nicht mehr zu sagen, das haben sie bereits getan. Er hält seinen Vater fest, riecht seine Haut, nimmt alles genauestens auf, um die Erinnerung zu speichern. Langsam lässt er ihn los.

Seine Wächter schließen sich jetzt an seinen Körper, rechts und links, wie gehabt. Auch der Waldgeist schließt sich dem Jungen an. Die Bäume flüstern ihren Gesang, sonst ist es sehr ruhig. Der Junge schluckt seine Traurigkeit, wendet sein Gesicht wieder der Sonne zu und bleibt einen kurzen Moment in dieser Haltung.

Sein Vater und Raphael bleiben auf der Stelle stehen, aber entschwinden gleichzeitig aus seinem Blickfeld.

Der Junge atmet tief, seufzt und jetzt kollert doch noch eine kleine verirrte Träne die Wange herunter. Der Wächter auf seiner rechten Seite wischt ihm verstohlen die Träne weg. Der Junge ist so erstaunt über diese Geste, dass er sich ihm zuwendet.

Wow, das wird ja immer besser! Das ist ja wunderbar! Er lächelt den Wächter an, berührt seinen Arm und bedankt sich leise. Der Waldgeist, der sie nun weiter durch den Wald führt, nickt nur. Er hält den Arm des Jungen und schwebt so neben ihm her.

Langsam entschwindet auch der singende Wald und hier nimmt der Waldgeist, der den Jungen und seine Wächter still begleitet hat, Abschied. Das alte weise Gesicht schaut tief in die Seele des Jungen und der lässt es geschehen. Der Junge ist sehr ruhig, er mag nicht sprechen oder fröhlich tun, wenn er sich nicht so fühlt. Der Waldgeist weiß das alles und es braucht keine weitere Erklärung. Der Junge ist dankbar für dieses Verständnis. Er umarmt den Waldgeist, der diese Geste nicht gewohnt ist. Er wird meistens nur vom Wald selbst oder vom Feen-Volk wahrgenommen. Dass ein zukünftiger Mensch ihn umarmt, will etwas bedeuten!

Er bedankt sich beim Jungen und verspricht, auf Anruf sofort zur Verfügung zu stehen. Der Junge lächelt und freut sich über das Versprechen. Er weiß, dass er auf dieses Versprechen zählen kann!

Der Waldgeist drückt seinen Arm zum letzten Mal sanft: „Vergiss das Tanzen nicht, Junge!"

Er nickt den Wächtern des Jungen zu, dreht sich um und verschmilzt mit dem Wald.

Geraume Zeit bleibt der Junge an Ort und Stelle. Nicht nur seinen Vater, auch vieles mehr musste er in kürzester Zeit auf einmal loslassen. Schon zu Beginn seiner Regenbogenreise musste er sein vertrautes Zuhause und seine Familie loslassen.

Auch den Wald, in dem er sich so geschützt und zu Hause fühlte.

Die fröhlichen Feen, die herrlichen heilsamen Gerüche, den weisen alten Baum.

Immer wieder loslassen …

Es wohnt alles bereits in ihm …

Er schaut sich nach seinen Wächtern um und gibt Zeichen, den Pfad für den nächsten Lichtstrahl aufzunehmen.

Es gibt eine sehr schweigsame Wanderung, der Junge fühlt sich leicht bedrückt und verweilt mit den Gedanken bei seiner Lichtfamilie. Seinem Bruder, der Sternenmutter, seiner Schwester und seinem eben verlassenen Vater. Die Reise geht immer weiter, fort von seinem Lichtzuhause.

Deshalb wird er immer und immer wieder in die Einheit geführt …

Man trifft sich immer wieder …

Seine Familie, seine Freunde, alles wiederholt sich immer und immer wieder …

Ein ewiger Kreislauf in immer anderen Zeitlinien und anderen Realitäten …

Loslassen …

Wiedervereinen …

Wiedererkennen …

Loslassen …

Tief in Gedanken, sehr nachdenklich spazieren sie auf den nächsten Farbstrahl zu.

Sonnengelb

Ein sonnenkräftiges Gold-Gelb ist in der Ferne zu sehen. Der Junge hält inne, schaut in die erfrischende Farbe und betrachtet seine Wächter. Er fühlt, dass da eine große Kraft auf ihn zukommt. Die Herzfarben waren anderer Natur, eher seinem eigenen sanften Wesen verbunden. Er bleibt endgültig stehen und beobachtet die fröhliche Farbe. Je länger er stehen bleibt und über das herrliche Gelb-Gold staunt, fühlt er, wie sich die Melancholie langsam von ihm löst.

Das Gold-Gelb reißt ihn richtiggehend in seinen Strudel. Auch die Wächter, die ihn neutral umgeben, werden von der Kraft dieses Farbstrahls angezogen. Die Sonne, die auch in seinem eigenen Wesen wohnt, scheint sich magnetisch mit diesem Strahl zu verbinden.

Man muss wissen, dass alle Menschen eine Sonne in sich tragen, aber sie haben das vergessen. Diese innere Sonne verbindet die Menschen mit der großen Sonne aus einem anderen System: den Plejaden, nämlich Alcyone und darüber hinaus mit der großen Zentralsonne.

Plejaden = ein ca. 100 000 000 Millionen Jahre alter Sternenhaufen oder auch das Siebengestirn genannt. Der hellste Stern davon ist Alcyone.

Der Junge fühlt diese Kraft in seinem Solarplexus. Wie ein Blitzstrahl verbindet und fusioniert sich seine innere Sonne augenblicklich mit der Zentralsonne.

„Ui, das ist aber stark!"

Seine Überraschung teilt er hauptsächlich mit seinen Wächtern, die ihn erstaunt unterstützen. Die goldene Sonnen-Kraft ist eingefahren wie ein Pfeil, der sein Ziel gefunden hat.

Durch die gold-gelb-farbige Dimension zu wandern, kann ja interessant werden! Endlich fühlt er wieder Freude: Vorfreude und Enthusiasmus. Er atmet auf, schaut erneut umher und nun löst sich auch die Traurigkeit des Abschieds von seinem Vater. Sein Regenbogenkleid, das er während seiner Reise zur Erde trägt, wird etwas enger an ihn geschmiegt. Das ist seltsam, er fühlt eine Begrenzung, die vorher nicht da war. Er spürt eine Struktur, die seine mit allen Dingen verbundene Freiheit etwas eindämmt. Er nimmt so etwas wie ein Ich wahr, eine persönliche Identifikation. Wieder schaut er auf seine treuen Wächter, die genau wissen, was er denkt und was er fühlt. Es ist ihnen aber nicht erlaubt, ihn zu beeinflussen. Automatisch nehmen sie seine Gedanken und Gefühle auf, verwerten sie aber nicht. Es verfärbt sozusagen ihr eigenes neutrales, in einem Zug durchgewebtes Kleid aus lichtem Stoff, damit der Junge die Last seiner Empfindungen nicht alleine tragen muss.

Für diesen top Service ist er ihnen sehr dankbar. Dieser Service gehört zur Ausstattung, wenn man zur Erde reist.

Langsam formen sich unpersönliche Gedanken, auch dies ist eine neue Erfahrung. Er wird selber denken müssen und sich als ein eigenständiges Wesen ausdrücken. Wenn er diese tiefe Verbundenheit mit seiner Zentralsonne vergisst, wird er das Fühlen vergessen. Nun, das ist kein erstrebenswerter Zustand! Seine sieben Sinne würden nicht mehr als Einheit funktionieren, sondern jeder Sinn als einzelne Erfahrung wahrgenommen. Das ergibt ein Gefühl der Trennung.

„Warum habe ich mich nur auf diese Reise eingelassen?"

Der Junge, der noch keinen Menschennamen hat, seufzt, und ein kurzer Moment der Reue und der Einsamkeit übermannt ihn.

Aber schon sind da neue Freunde, die auf ihn zukommen, sie scharen sich um den Jungen, begutachten ihn und nehmen ihn an der Hand. Sie führen und reißen ihn mitten in den herrlich fröhlich-frischen gold-gelb-farbigen Energiestrahl.

In diesem freudigen überraschenden Wirrwarr nimmt er auf einmal starken Duft von Jasmin wahr, und während er sich ganz diesem intensiven Blumenduft, der absoluten Herz-Note hingibt, harmonisieren sich seine Zellen wieder und er wird ruhiger. Er atmet den Duft noch tiefer ein und so erhellt sich seine Stimmung und nimmt seine unbewussten Ängste. Die Reise ins Schattenland belastet ihn mehr, als er wahrnehmen kann.

Seine gelben Freunde führen ihn auf eine Plattform, aus der er diese Ebene begutachten und in sich aufnehmen kann. Sie stehen, oder schweben eher, da auf dem Regenbogenweg nichts wirklich fest ist, und er staunt über die weite Fläche, die sich nach allen Seiten ausdehnt. Aus der Höhe der Plattform kann er die lichten Strahlen beobachten, wie sie alles berühren, so weit, wie seine Augen sehen können. Es ist wie ein großes elektronisches Licht-Netzwerk, das sich in alle Schichten und Dimensionen einwebt. So wie die Sonne ihre Strahlen überall hinsendet und sich ihr Licht auch in kleinste Winkel verirrt.

Seine Augen schweifen in die Ferne und er lässt alles auf sich einwirken. Er fühlt sich winzig klein auf der Plattform, im Gegensatz zu der nicht enden wollenden Landschaft, die sich ihm darbietet. Irgendwo in einer Lichtung in der Distanz sieht er eine große Halle. Sie scheint goldige Farbstrahlen aus dem Kuppeldach auszusenden. Er fokussiert sich intensiv, er muss seine Augen etwas zusammenkneifen, um es genauer zu sehen.

Ein weiser Meister, gekleidet in einer langen goldenen Robe, beobachtet den Jungen. Der Meister ist groß, mit auffälligem, fülligem, wunderbarem Haar und trägt einen sehr gepflegten Bart.

Er kommt auf den Jungen zu. Der wiederum beobachtet den herrschaftlichen, stolzen, aber warmherzigen Meister. Dass er warmherzig ist, sieht man an seinen strahlenden Augen. Nun spricht der Meister den Jungen an:

„Was du hier siehst, sind die Hallen der Weisheit und des Wissens aus anderen Dimensionen und Zeitlinien. Alles je Geschehene durch die Äonen wird in chronologischer Reihenfolge im kosmischen Gedächtnis gelagert."

Der Junge schaut den Meister durchdringend an. Die Augen des weisen Wesens erinnern an Amethyst und scheinen durch den Jungen hindurchzuschauen, so als sähe er einfach alles.

Der Junge hat bisher nichts gesagt. Er schaut erneut in die Ferne, während der Meister weiterspricht:

„Die Hallen des Lernens sowie die Bibliothek der universellen Geschichte werden oft von Seelen, die im Menschenkleid verweilen, des Nachts aufgesucht. So können sie sich während des Schlafs erinnern und weiterentwickeln. Hab keine Furcht, mein Junge. Wann immer du es möchtest, kannst du dich jederzeit in diese Informationen einschalten. Alle Erinnerungen seit Anbeginn deiner Existenz sind darin gespeichert. Gigantisch, nicht?"

Der Junge hat den Atem angehalten, so sehr hat ihn diese Botschaft fasziniert. Nun atmet er geräuschvoll aus.

Der weise Meister betrachtet den Jungen. Der Meister spürt, dass der Junge wahnsinnig gerne in diese Hallen gehen würde. Er spürt, dass er sich stark zu den darin enthaltenen Geheimnissen hingezogen fühlt.

„Lass die Dinge auf dich zukommen, mein Junge. Du wirst zur richtigen Zeit wieder an deine Informationen kommen, vertraue einfach."

Der Junge schneidet eine Grimasse. Wahrscheinlich ist das nicht besonders höflich gegenüber dem geduldigen Meister. Aber das mit dem Vertrauen ist auch nicht immer einfach, wenn man vom Schatten des Vergessens zugedeckt wird!

Bisher hat er sich noch mit keinem Wort geäußert. Der Meister nimmt es gelassen. Er weiß, wie dem Jungen zumute ist.

Wieder betrachtet er still die unendliche Fläche von der Plattform und nimmt alles, was ihn umgibt, mit seinen Gefühlen auf.

Die goldene Sonne strahlt ihre Kraft über alles und wärmt jeden Winkel weit und breit. Der Junge fühlt diese Wärme tief in sein Geflecht eindringen. Diese Wärme ist wie ein Gedächtnis, eine Speicherplatte, wo alle seine Daten, die er für sein Erdenkleid und darüber hinaus braucht, gespeichert sind. Er schließt die Augen, um sich ganz dieser Wärme hinzugeben. Ein lustiges Kribbeln füllt seinen Bauch und er hält beide Hände darauf, um dieses Kribbeln besser zu fühlen. Langsam öffnet er die Augen und lächelt dabei den Meister an.

Seine Freunde, die ihn alleine gelassen haben, als der Meister erschien, umringen ihn wieder und wollen das Kribbeln auch fühlen. Sie halten ihre Hände auf ihre eigenen Bäuche. Aber da sie ohnehin im Gelb-Gold-Strahl wohnen, sind sie diese konstante Wellenbewegung, die sich wie ein Kribbeln anfühlt, gewohnt und nehmen es nicht so stark wahr wie der Junge, der nur kurz hier verweilt. Die Sonnenkinder kugeln sich vor Lachen, weil sie das Kribbeln beim Jungen viel besser wahrnehmen können als bei ihren eigenen sonnendurchfluteten Bäuchen.

Der Meister steht immer noch auf der Plattform, betrachtet die Sonnenkinder und den Jungen, wie er sich mit ihnen unterhält. Ein weiterer Aspekt des Jungen lernt, sich zu integrieren und sich mit seiner Umgebung zu verbinden. Eben wie die Sonne mit ihren Strahlen alles berührt und verbindet.

Er lernt, sich emotional zu öffnen, um mit den anderen zu lachen, fröhlich zu sein und mitzumachen. Er ist eher ein Einzelgänger, ist gerne alleine, um sich ganz seinen eigenen Welten und seiner inneren Freiheit und Unabhängigkeit hinzugeben.

Aber in der gold-gelben Wirklichkeit wird die Qualität der Zentralsonne telepathisch mit anderen geteilt und ergibt so ein soziales Netzwerk. Es ist die Kraft des inneren Wissens, später wird es dann Intuition genannt.

Die spielenden Sonnenkinder lachen, sie verstehen nicht, wie man etwas Intuition nennen muss, das man doch seit Äonen schon weiß. Der Junge wundert sich, natürlich können sie es nicht wissen. Sie haben ja ihren Sonnenplatz noch gar nie verlassen. Sie haben das Getrennt-Sein aus dieser Kraft noch gar nie erfahren.

Er schaut ihnen zu, aber sogleich holen die Kinder den Jungen erneut in ihre fröhliche Runde, heraus aus seinem Beobachterposten. Er lacht mit ihnen und fügt sich in den Reigen des fröhlichen Plauderns und Erzählens. Er möchte ihre Geschichten mit auf seinen weiteren Weg nehmen, damit er sich an das

Plaudern erinnern kann. Das Plaudern nämlich liegt ihm nicht so besonders. Oder sagen wir mal, er hat es noch nicht wirklich entdeckt. Aber vielleicht könnte er ein Schreiberling sein, das würde ihm gefallen.

Kaum hat er diesen Gedanken gedacht, steht der Meister plötzlich wieder neben ihm. Sanft, aber bestimmt bugsiert er den Jungen aus dem Kreis der spielenden Kinder in die Richtung der Hallen der Schreiberlinge. Wie bereits vorhin schon, hat er nämlich die Gedanken des Jungen gehört.

Der Junge ist überrascht und schaut sich nach seinen Freunden um. Sie sind es gewohnt, dass alles schnell und prompt vonstattengeht. Sie sind wie in allen anderen Ebenen telepathisch miteinander verbunden. Er winkt ihnen zu, sie winken kurz zurück und sind sofort wieder in ihrem eigenen Spiel absorbiert.

Der Junge ist erstaunt über diese schnelle Reaktion und folgt dem weisen goldenen Meister gerne.

Sicherheitshalber dreht er sich nach seinen Wächtern um. Aber sie folgen ihm wie durch ein durchsichtiges Band verbunden. Sie sind und bleiben neutral. Er lächelt ihnen dankbar zu, was respektvoll registriert wird.

Der weise Meister führt ihn über eine breite, gewundene leuchtende Treppe in hohe, sehr hohe goldene Hallen. Die hohen Hallen werden von ebenso hohen unzählig gewundenen Säulen gestützt. Die Decken der Hallen sind gewölbt und mit Fresken und Verzierungen, die im goldenen Licht strahlen, ausgestattet.

Der Junge ist überwältigt von der Größe und der Macht, die den Hallen innewohnen.

Die Hallen sind voll von Tischen und Installationen, an denen unendlich viele Schreiber sitzen und stehen, je nach Größe der Person. Sie alle haben große dicke Bücher und Schriftrollen aufgeschlagen, es werden Geschichten geschrieben, kopiert, neu deklariert und aufgeschrieben. Es herrscht ein Durcheinander von Informationen, die auf elektromagnetischen Wellen ausgetauscht und hin- und hergeschoben werden. Hier kommuniziert man in verschiedenen telepathischen Sprachen und in Symbolen, die nicht viel gemeinsam haben mit irgendeiner Menschensprache.

Der Junge hält sich scheu neben seinem führenden Meister. Er ist völlig fasziniert und der Meister fordert ihn auf, in einige Bücher zu schauen.

„Darf ich wirklich? Hier gefällt es mir, weil ich so viel lernen kann. Ich bin sooo wissbegierig." Der Junge lächelt den Meister scheu an. Und der Meister lacht fröhlich zurück. Er kennt seinen Lehrling und weiß um dessen analytischen, wissenschaftlichen aber auch philosophischen Geist.

Der weise Meister mit dem langen goldenen Kleid wird ehrerbietig begrüßt, wo immer sie anhalten.

Er wendet sich dem Jungen zu und erzählt ihm:

„Mein Junge, hier werden sämtliche Begebenheiten eines jeden Wesens, einer jeden Struktur, einfach alles dokumentiert und festgehalten. Selbst alle je gedachten Gedanken, alle gefühlten Gefühle, alles je Gesprochene, alles je Erschaffene werden festgehalten. Seit Gedenken speichern die Zellen die Geschichte der Menschheit.

Es sind die Chroniken von Äonen.

Es ist nicht nur die Geschichte der Menschen, sondern des ganzen Universums.

Es sind die Geschichten aller Universen und anderer Zivilisationen.

Es sind die gespeicherten Schöpfungsgeschichten.

Vom Anfang bis zum Ende, wobei das eine das andere darstellt. Der Anfang ist das Ende und das Ende der Anfang."

Der Junge schmunzelt, das mit dem Anfang, der das Ende ist, und das Ende, das wiederum ein Anfang ist, und dass weder das eine noch das andere wirklich existiert, hat er nun schon so oft gehört, dass er langsam beginnt, rundherum im Kreis, im Quantenfeld der unbegrenzten Möglichkeiten zu denken statt in einer geraden Linie. Dann ist sein Feld, in dem sich seine Gedanken abspielen, immer offen und sie können so kunterbunt herumwirbeln. Nix ist fest und immer wandelbar ... alles ist möglich ...

„Phewww", er seufzt wieder mal sein bekanntes Seufzen, das seine tiefen Gedanken und Überlegungen andeutet. Der Meister beobachtet den Jungen, lässt ihm aber genügend Raum für sich selbst.

Nun schaut er in die endlos hohen Räume. Sie bestehen aus vielen Ebenen, alles vollgestopft mit Büchern, diese Opulenz ist beträchtlich. Squillionen und Abersquillionen von Daten sind hier gespeichert. Er schaut einigen Schreiberlingen zu, wie sie vom Boden in verschiedene Etagen levitieren, um an gewisse Dokumente zu kommen. Es gibt sogar schwebende Brücken, die verschiedene Departements miteinander verbinden. Es ist ein riesiges Hin und Her, ohne dass man sich je in die Quere kommt oder einander gegenseitig behindert. Das ist unglaublich, der Junge kommt aus dem Staunen nicht heraus.

Squillionen = eine undefinierbare unendliche Fantasiegröße

Er ist so aufgeregt, dass er gar nicht bemerkt hat, wie er sich am goldenen Kleid des Meisters festhält. Der weise Mann nimmt es zur Kenntnis und lächelt. Er weiß sehr wohl, dass dieses Departement von größtem Interesse ist für den Jungen. Das Licht durchflutet die riesigen goldenen Hallen und der Junge atmet richtiggehend alles ein.

Während sie durch die Hallen wandeln, erklärt der Meister seinem Schützling:

„Junge, du wirst uns regelmäßig besuchen kommen, wenn du im Menschenkleid bist. Dann wirst du nachts, wenn du schläfst, diese heiligen Hallen durchforsten und wir führen dich herum, bis du gefunden hast, wonach du suchst. Es steht dir alles zur Verfügung."

Der Junge schaut den Meister mit großen Augen an. Wirklich? Er darf so lange suchen, bis er es gefunden hat? Er weiß zwar noch nicht, wonach er sucht. Aber das interessiert ihn noch nicht. Das wird sich zeigen, wenn es Zeit ist, Dinge wissen zu müssen.

Zweifelnd fragt er:

„Meister, werden wir uns alle an dieses Versprechen halten?"

Der Meister nimmt die Hand des Jungen und lacht fröhlich.

„Mein Junge, du bist der Einzige, der das vergessen würde. Weil du im Schattenland einiges vergessen wirst. Aber glaube mir, du kannst diesen Ruf nicht verpassen. Deine Seele wird dich hierherführen und du wirst es wissen. Du wirst deine eigenen Mentoren bekommen und sie werden dich unterrichten und ganz und gar für dich da sein."

Der Junge lächelt den Meister an. Er ist glücklich. Wellen des Verständnisses werden ausgetauscht und einige der Schreiberlinge beobachten ihn lächelnd. Die Sonne scheint ihre Strahlen direkt auf ihn zu richten. Er spürt die Freude, den goldenen Glanz, der alles umgibt. Die Decken, die mit künstlerischen Intarsien versehen sind, die wenigen freien Wände, die mit übergroßen Gemälden verziert sind, herrliche Fresken, alles einfach gigantisch! Er schließt seine Augen, um diese wunderbare Begebenheit zu verinnerlichen. Er riecht den Duft von Papier, edles, goldumrahmtes Papier. Altes Papier, frischgedrucktes, elegantes, duftendes, handgemachtes, unzählige Arten von Papier. Aus jeder Zeitepoche werden auch diese Erinnerungen gespeichert. Und dann sieht er noch eine Technik, die kein Papier benutzt. Es scheinen bio-chemische Aufzeichnungen der intergalaktischen Universen zu sein. Das ist zwar spannend, aber berührt ihn im Moment weniger. Er liebt den Duft von Papier, den Duft, wenn man ein Buch öffnet und es seine Geschichte ausströmt, bevor man sie gelesen hat. Er muss die Dinge riechen können. Das ist sehr wichtig für ihn. Damit schafft er eine Beziehung zu den Dingen.

Während des Herum-Staunens sieht er in einiger Distanz in einer weiteren Halle etwas auffallend glänzen. Er konzentriert sich auf diesen Punkt. Der Meister hat das natürlich bereits bemerkt und reagiert sofort auf diesen Wunsch. Zusammen schweben sie dorthin und dem Jungen werden goldene, bronzene, metallene Scheiben und Tafeln, sogar Tontafeln gezeigt, auf denen ur-uralte Sprachen und Schriftzeichen eingraviert sind.

„Das sind zum Teil Tontafeln aus alten sumerischen Zeiten auf Erden, viel älter als die Schriftrollen biblischer Zeiten des Schattenlandes!"

Der Junge versucht, einige dieser Zeichen zu analysieren. Sie scheinen keiner bekannten Schrift zu gleichen, die er bis anhin gesehen hat.

„Sind die Schriften Symbole auf den Tafeln?"

„Das nennt sich Keilschrift und erzählt die Geschichte, wie die Menschen zur Erde kamen! Dieses Geheimnis wird eines Tages gelüftet werden und tolle Verwirrung unter den Menschen schaffen! Die Menschenwelt hat keine Ahnung, woher sie wirklich stammt! Der Erdenplanet ist in einem Reinigungsprozess, wo sich alte Schleier und Versiegelungen lösen. Gaia, der wunderbare Spielplatz, ein ehemaliges Paradies des Friedens und des lichten Austausches mit anderen Galaxien, löst sich aus der Gefangenschaft dunkler Machtbesitzer. Traumata werden aufgebrochen und erlöst werden. Deshalb besuchen friedvolle Seelen mit überaus viel weiter entwickeltem Bewusstsein diesen ausgebeuteten Planeten Gaia, um ihm durch diese Erlösung zu helfen. Dabei werden auch Ahnengeschichten aufgerollt und ihren Frieden durch Befreiung aus mentalen, dämonischen Gefangenschaften finden."

Ui, das hört sich aber gewaltig nach Schattenland an! Der Junge schaut den Meister mit großen, erschrockenen Augen fragend an. Wie soll er das verstehen?

Der Meister wuschelt im goldenen Haar des Jungen.

„Denke nicht darüber nach, mein Junge. Du wirst alles innewerden, wenn du dermal einst im Menschenkleid wohnst. Ich habe doch gesagt, du darfst nach Lust und Laune erforschen, was du wissen möchtest. Sämtliche Informationen, die du brauchst, werden dir zur Verfügung gestellt! Du liebst mein Departement so sehr, weil es in deiner Menschenzukunft eine wichtige Rolle spielen wird! Freue dich darauf!"

Dabei schaut er den überaus neugierigen Jungen an und lächelt ihm geheimnisvoll zu. Der lächelt immer noch wie mit Fragezeichen zurück, aber fragt nicht weiter. Alles hat seine Zeit …

Der Junge wendet sich nun den Tafeln zu, er darf sich darin vertiefen, der Meister lässt ihn ganz aufblühen. Diese Tafeln sind aus ganz anderen Zivilisationen und Zeitepochen. Aber auch sie wurden registriert und aufbewahrt. Denn auch sie erzählen weitere Geschichten des Universums.

Dieser herrliche Ort ist wirklich eine Fundgrube, eine riesengroße, unendliche Bibliothek des Wissens! Unsichtbar für Nicht-Eingeweihte …

Lange verweilen sie in diesem gelb-goldenen Strahl des Regenbogens, ein herrliches Glücksgefühl durchströmt den Jungen. Hier wird er sich ganz und gar entfalten können. Einige Schreiberlinge widmen sich seinen Fragen. Er ist gewaltig wissbegierig und will alles erfassen können. In diesen heiligen Hallen fühlt er sich schon wie zu Hause. Es wird ihm ganz leicht zumute. Er besucht einmal jenen und dann wieder diesen Schreiber, um sich zu erkundigen.

Er lässt nichts aus, die Wissenschaften, die Philosophie, die Künste, Physik, ja, und das biologische Material, das die Entstehungsgeschichten verschiedener Universen erzählt, ach, und so vieles, vieles mehr. Er ertrinkt beinahe in seiner Wissbegierde. Manchmal wechselt er auf eine höher gelegene Etage oder er steigt steile Leitern hoch, um an die hochgelegenen Regale zu kommen. Er kann noch nicht levitieren. Diese Kunst wird erst wieder benutzt, wenn er dermal einst auf dem Regenbogen in seine Lichtstätte zurückwandert.

Ansonsten darf er sich hier ganz vertun, hat sein Meister gesagt. Und das tut er auch.

Nach langem Studium und Herumstöbern ist es leider auch hier wieder an der Zeit, Abschied zu nehmen. Er muss sich richtiggehend wegreißen von den unendlich vielen Bücher und den freundlichen Mentoren, die ihm so freiwillig Auskunft über seine hunderttausend Fragen gegeben haben. Er bedankt sich gebührend bei seinen vielen Lehrmeistern, die ihn für kurze Zeit unter ihre Fittiche genommen haben.

Zögernd und ungern, aber frisch gestärkt und mit geradem Rücken verlässt er die Hallen. Er winkt einigen Schreiberlingen zu, die er kennengelernt hat, und verspricht, wiederzukommen.

Er bedankt sich herzlich beim goldenen weisen Meister. Außer dem blauen Lichtstrahl hat er noch keinen Farbstrahl so zufrieden und fröhlich verlassen. Er lächelt dem Meister zu. Der wiederum berührt die hellen goldenen zerzausten Haare, um den Jungen zu segnen.

Dieser Segen hinterlässt Millionen kleinster Gold-Partikelchen, die hell glänzen und in seinen Haaren und auf seiner Haut schimmern. Er dreht sich einmal um sich selbst, um das Glitzern überall zu sehen. Er schließt die Augen und hält die Hände über seinen Kopf, um dieses goldene Sonnenlicht wie einen Regen über sich ergießen zu lassen.

Der gütige Meister schaut ihm zu. Dieser Junge ist selbst ein Meister, aber weiß es noch nicht. Das wird er schon noch herausfinden auf seiner Reise.

Nachdem er den goldenen Regen genossen und sich genügend darin gebadet hat, verharrt er noch ein wenig ganz still.

Er denkt über Dokumente und Geschichten, die von zerstörenden Machenschaften erzählen, nach, von Zivilisationen, die sich mit anderen planetarischen Institutionen verbunden haben.

Oder denkt an die vielen Schriften aus der jüngsten Vergangenheit, Briefe, die Kinder ihren verstorbenen Eltern geschrieben haben. Leidensbriefe von einsamen oder kranken Menschen und sonstige Memoiren aus allen Zeitepochen. Noch immer riecht er in Gedanken die herrlichsten parfümierten Papiere, von denen er einige lesen durfte. Verliebte, gelangweilte Damen, die ihren Liebhabern die fantasievollsten Liebesgedichte und -geschichten geschrieben haben. Er muss lächeln.

Die Menschen vermeinen, Geheimnisse zu haben, wenn sie doch nur wüssten, wie offensichtlich alles ist. Und dass alles je Geschehene, noch so kleine und scheinbar unwichtige Dinge, im universellen Gedächtnis gespeichert bleibt!

Er träumt weiter vor sich hin und bald darauf kommen die Wächter näher und deuten dem Jungen, dass es Zeit wird, aufzubrechen. Noch ein letztes Mal atmet er alles ein, so als müsste er die ganze Halle mitnehmen. Dann nimmt er ungeniert und mutig die große Hand des Meisters und bedankt sich für diese schöne Zeit in den goldenen Hallen. Eine sehr uncharakteristische Handlung des Jungen. Das zeigt an, wie sehr ihn dieses Erlebnis beeindruckt hat. Der weise, warmherzige Meister drückt seine zarte Hand zurück und hält sie, bis der Junge und seine Wächter bereit sind, wieder aufzubrechen.

Der Meister murmelt leise vor sich hin:

„Wo das Licht fehlt, kann das Licht nicht antworten. Du, mein Junge, bist lichterfüllt. Da kann sich das Licht in üppiger Fülle entfalten!"

Er freut sich, den Jungen wiederzusehen. Es wird ein Leichtes sein, mit ihm zusammenzuarbeiten und die Erinnerung wieder zu aktivieren.

Der Junge hat diese Worte nicht mehr gehört. Er ist bereits wieder unterwegs mit seinen Wächtern. Ein letztes Mal dreht er sich um, um dem Meister freudig zurückzuwinken.

Nach dieser intensiven Einführung in die Geschichten des Universums verspürt er leichte Müdigkeit. Er würde gerne etwas ausruhen. Ob das möglich sei? Sein gelbes Aura-Kleid ermüdet ihn schneller als alle anderen Farben. Er spürt, wie seine Energien dichter werden.

Kaum ist diese Frage ausgesprochen, erscheint eine korallenfarbige, wie Nebel aussehende Farbschwade. Sanft schiebt sie sich direkt unter den Jungen, fast wie ein fliegender Teppich.

„Huch, was soll das werden?" Erstaunt schaut er sich um und will zur Seite hüpfen.

Es ist eine fröhliche Energie, die ihm sofort hilft, aufzusteigen und eine bequeme Sitzhaltung, oder eine liegende Position, zu finden. Er schaut seine Wächter an, die bereits neben der Farbschwade hergleiten.

„Na so was!", ist das Einzige, was ihm gerade einfällt. Das ging ja wieder mal außergewöhnlich schnell. Bei den feurigen Farben scheint alles schneller vonstattenzugehen. Die ihnen innewohnende Kraft drängt sich nach außen in die Manifestation.

Die korallene Farbschwade spricht zu ihm.

„Leg dich hin, Junge, wir tragen dich eine Weile weiter. Ruhe dich aus."

Koralle

Die Wächter nicken ihm zu. Er kann ihnen ganz und gar vertrauen. Mittlerweile weiß er das. Halb liegend, halb sitzend sucht er seine Position auf der fließenden Farbschwade und lässt sich einlullen. Es ist schön, wenn man so tief vertrauen kann. Wieder schaut er sich erstaunt um, diesmal furchtlos und offen für Neues. Er genießt den Moment der Hingabe und der Stille, der mit fröhlichen Schwingungen gefüllt ist. Der schwankende Rhythmus der Korallenschwade fühlt sich an wie in einem Mutterkuchen, wohlbehütet und getragen. Seine Wächter schauen ihm zu, wie er zu dösen beginnt. Im Halbschlaf lächelt der Junge leise. Im Döse-Zustand reist er noch mal zurück zu den gold-gelben Hallen und zum goldenen Meister. Das Erlebnis hat ihn wirklich gefesselt. Allerlei erlebte Bilder schweben vor seinem inneren Auge. Es sieht beinahe so aus, als würde er Träumen.

Geräuschlos schwebt die Korallenschwade vor sich hin.

Nach geraumer Weile verfärbt sich das korallene Licht hin zu einem goldenen warmen Orange. Eine Farbe, so schön wie ein Sonnenaufgang. Kräftig, erfrischend und voller Wärme und Hoffnung.

Sie schweben direkt auf eine große Höhle zu. Der Höhleneingang ist schwarz, oder einfach dunkel. Davor steht jemand, den man noch nicht klar erkennen kann.

Der Junge spürt, dass sich was tut, und löst sich aus seinem leichten Schlaf. Er schaut sich um und sieht herrliches Gold-Orange, leicht lachsfarbige Farben, die ihn umgeben, begleitet von der sanften Korallen-Farbe, die ihn hierhergebracht hat.

Sie nähern sich der dunklen Höhle. Er kneift die Augen etwas zusammen, um besser sehen zu können. Eine grandiose Göttin steht vor der Höhle. Sie ist sanft und strahlt Macht und Gerechtigkeit aus. Ihre starke Ausstrahlung trifft den Jungen mitten ins Herz. Er setzt sich kerzengerade hin auf seiner Korallenschwade. Seine Wächter sind ganz nah an seiner Seite, wofür er wieder einmal sehr dankbar ist. Der Höhlen-Eingang ist immer noch dunkel. Hinter der Strahlkraft der Göttin bewegt sich etwas. Noch kann er nicht erkennen, was es ist. Sie kommen immer näher, er sieht, dass die Göttin freundlich lächelt. Wieder bewegt sich etwas hinter ihr beim Höhleneingang. Die Göttin steht jetzt ganz aufrecht mit wehenden langen dunklen Haaren, ihre große Macht ist beinahe furchteinflößend.

Goldorange

Die Korallenschwade, der fliegende Teppich, wie der Junge die Schwade liebevoll nennt, hält an, nur ein Stück von der imposanten Herrin entfernt. Die Wächter helfen ihm, von der Schwade abzusteigen. Er verlässt die Schwade und gleitet weiter, getragen von den leuchtenden orangenen Farben.

Seine Wächter führen ihn direkt vor die Herrin. Sie lächelt ihn freundlich an und ihr Herz beginnt wie ein Diamant zu leuchten. Das Leuchten wird schnell größer und beleuchtet nicht nur den dunklen Höhleneingang, es überstrahlt auch den Jungen und seine Wächter.

Sie schließt ihre Augen und beginnt etwas zu murmeln in Lichtsprache. Die Intensität ihrer Macht nimmt augenblicklich zu und hüllt den Jungen ganz ein. Er versucht, sich ganz nahe an seine Wächter zu halten, er will sie spüren, um sich ganz sicher zu fühlen.

Die Göttin spricht ein Mantra, das wie ein Echo durch die Gezeiten schwingt. Eine übergroße golden-diamantene Spirale manifestiert sich vor seinen überraschten Augen. Die Herrin öffnet ihre Augen wieder, bedankt sich beim Lord, der sich vor ihnen manifestiert hat. Sie lächelt den Jungen an, verlässt ihren Platz vor der Höhle und schwebt ihm entgegen. Ihr Gewand umhüllt sie wie die Morgenröte, es strahlt und leuchtet bei jeder ihrer Bewegungen. Ihre Kraft ist enorm und er schreitet einen Schritt zurück.

Sie realisiert das und schlichtet seine Furcht.

„Hab keine Angst. Ich bin die Herrin, die Stimme der Göttin, die in dir wohnt."

Sie hält ihm ihre leuchtende Hand hin. Ist er mutig genug, diese Geste zu erwidern? Sie wartet auf seine Entscheidung. Wieder schaut er auf seine Wächter. Die nicken nur. So vertraut er ihnen und streckt seinerseits beide Hände der strahlenden Göttin entgegen.

Diese nimmt sie sanft in ihre Hände. Die Leuchtkraft überträgt sich also gleich auf ihn und verbindet sich mit seiner unterdrückten innewohnenden Kraft. Er ist verlegen, soll er jetzt einfach warten und geschehen lassen? Oder müsste er etwas tun? Natürlich hat sie seine Gedanken bereits wahrgenommen und lacht ihn fröhlich an, ohne ihre Macht oder Kraft zu reduzieren. Er wird ganz verlegen, weil sie so mächtig ist und er sich so klein fühlt in ihrer Gegenwart.

Laut ruft sie:

„Andrach, ich glaube, dein Schützling braucht deine Unterstützung!"

Der Junge schaut sie erstaunt an. Andrach? In diesem Moment erscheint Andrach, sein geliebter Seelendrache, aus der Höhle.

Es waren also seine Bewegungen, die er hinter der Göttin wahrgenommen hat! Er ist entzückt und wird ungeduldig. Er kann doch nicht einfach seine Hände aus den ihren reißen, um dem Drachen entgegenzustürmen. Sie aber wiederum hat es bereits gewusst und lässt seine Hände los. Er schaut sie dankbar an und gerade, als er losrennen will, landet Andrach in seiner ganzen Größe vor dem Jungen. Selbst die Wächter sind hocherfreut. Der Junge umarmt seinen Drachen herzlich.

Er überfällt ihn gleich mit seinen Geschichten und Anekdoten.

„Andrach, hast du mein Fingerschnippen-Zeichen erkannt? Ich habe dich vermisst. Können wir dieses Zeichen verwenden, wenn ich intensiv an dich denke und ich mit dir reden möchte?"

Andrach grunzt bei so viel überfallsmäßiger Begrüßung. Er antwortet fröhlich auf die Fragen des Jungen.

„Ich habe dich beobachtet im gold-gelben Farbstrahl! Ich bin doch immer bei dir, auch wenn du mich nicht sehen kannst. Sogar dein Fingerschnippen-Zeichen habe ich gesehen und gehört! Dein Zeichen ist angenommen!"

Dabei schmunzelt Andrach und schubst den Jungen mit seiner großen Schnauze an. Der Junge ist glücklich, schnippt neckisch und lustig mit seinem Finger und sprudelt gleich wieder los: „Ich habe sooo vieles schon erlebt, seit wir uns getrennt haben. Und jetzt bist du wieder da, wie sehr ich mich freue. Wirst du uns durch die Sonnenfarben begleiten? Bitte, bitte, sei doch mit uns."

Die Göttin streichelt den Drachen, der das mit einem sanften Knurren und lächelndem Schließen seiner goldenen Augen zur Kenntnis nimmt. Andrach gibt sich ganz hin in diesen genussvollen Moment. Der Junge wartet, bis Andrach aus seinem Genussdusel zurückkehrt, und schaut ihm dann treuherzig in die goldenen Augen, um seine Antwort abzuwarten. Es ist wahrhaft ein glückliches Wiedersehen.

„Natürlich, mein Junge, deshalb bin ich doch hier. Ich trage dich durch das Reich von Freyja!"

Ach, ist der Junge glücklich über diese Antwort! Die Worte Andrachs, knapp wie immer, aber klar und deutlich. Ein Ja war alles, was er hören wollte. Und das hat er bekommen. Und das mit dem Fingerzeichen klappt auch. Toll! Diesen geheimen Code mit seinem Drachen wird er sehr brauchen, wenn er bald ins Schattenland muss.

„Ich weiß, wie sehr du deinen Drachen liebst, Junge. Deshalb habe ich ihn dir gerufen."

Freyja strahlt den Jungen an, als wäre er ihr eigenes Kind. Er ist noch ganz verblüfft über ihre Zuneigung und Wärme. Sie meint es gut mit ihm, hat seine geheimen Wünsche erkannt und sie für ihn manifestiert.

Sie schwebt jetzt auf die übergroße goldene Säule zu, die sie ebenfalls mit ihrem Mantra gerufen hat.

„Mein Lord Metatron, ich bedanke mich für Euer Kommen." Sie lächelt ihn ehrerbietig an. Die Spirale, die als Lord angeredet wurde, antwortet nicht. Die Säule strahlt einfach ihr überaus großes Licht aus.

Die korallenfarbige Schwade stand die ganze Zeit still und wartete. Nun macht sie sich bemerkbar und Andrach, der Junge sowie die Wächter wenden sich ihr entgegen. Sie bedanken sich bei ihr für ihren Fliegenden-Teppich-Service. Der Junge berührt die Korallenschwade dankbar.

„Du hast mich mit Kraft und Wohlwollen gefüllt, werde ich dich wiedersehen?"

„Natürlich, mein Junge, ich werde dich wieder zurücktransportieren, wenn du im Freyja-Reich fertig bist. Wir sehen uns wieder!"

„Oh das ist gut, darauf freue ich mich. Deine wunderschöne Farbe und Wärme tun mir gut."

Sie verabschieden sich und die Schwade fliegt ein letztes Mal um die Beine des Jungen. Er lacht und freut sich über diese Geste. Er berührt sie, um sich zu verabschieden, und winkt ihr noch lange nach. Der Schlaf auf ihrer Schwade war beruhigend, erholsam und kräftigend.

Nun aber geht's gleich weiter. Andrach deutet dem Jungen, sich auf seinen Rücken zu setzen. Die Wächter helfen ihm, während Andrach sich etwas kleiner macht, damit der Junge ohne Rutschprobleme seinen Sitz einnehmen kann.

Jetzt sind alle bereit für das sonnenfarbige Gold-Orange-Abenteuer. Zusammen machen sie sich auf, durch den versteckten dunklen Eingang tief in die Höhle einzutauchen. Die übergroße Gold-Säule, Metatron, der Lord des Lichtes, allen voran. Der Junge ist froh, seinen Drachen bei sich zu haben. Freudig und dankbar krault er Andrach hinter seinen Ohren, trotz des Kitzelns wird das mit einem liebevollen Grunzen angenommen.

Als sie alle am Eingang der Höhle vorbeischweben, grüßt Freyja zwei schwarze Wesen. Sie sind die Hüter der Höhle. Sie bewegen sich nicht, grüßen aber zurück, indem sie ihre Augen nur einen Schlitz öffnen. Sie schließen ihre Augen sofort wieder. Sie kennen den Lord und Freyja seit Anbeginn dieses kosmischen Tages. Sie haben ihren Platz nie verlassen.

Der Eingang der Höhle scheint eher spartanisch und nicht sehr einladend. Freyja schwebt neben der golden-diamantenen Säule, die anderen hinter ihnen, immer tiefer in die Höhle hinein. Hier ändern sich die Farben und von Spartanisch schwappt es geradezu über in Üppigkeit. Die Wände der Höhle sind groß und hoch wie Kathedralen. Sie schimmern in allen Regenbogenfarben. Die wunderschönsten exotischen Schmetterlinge fliegen um sie herum. Einem fröhlichen, farbenfrohen fliegenden Feen-Reigen gleich, der sie noch tiefer in die Höhle begleitet. Andrach versucht immer wieder, einen Schmetterling zu erwischen, der mit ihm spielt. Der Junge lacht und manchmal setzen sich die zarten Wesen auf seine Hände oder in seine zerzausten Haare, um ihn zu necken. So ähnlich haben sich die Schmetterlinge aus dem Undinen-Reich mit ihm verbunden. Damals war Merlin, sein Meister, mit ihm und hat die paradiesischen Vögel und Schmetterlinge wie ein Magnet angezogen. Er lächelt bei dieser Erinnerung.

Freyja unterhält sich ungezwungen mit Lord Metatron, der golden-diamantenen Säule. Man sieht zwar keine menschliche Figur, dennoch ist seine Kraft die eines kosmischen Lords. Sie ist machtvoller, als eine menschliche Figur sie jemals aussenden könnte, diese Macht ist unbegrenzt!

Der Junge spielt vergnügt mit den Schmetterlingen. Plötzlich spitzt er seine Ohren. Er hat etwas gehört. Ein Wispern, leise Stimmen.

„Andrach, hast du das auch gehört?"

„Ja, mein Junge. Lass uns näher hineinfliegen, um das Flüstern besser zu hören."

Freyja dreht sich nach ihnen um und lässt sie vorbeischweben. Die großen Flügel Andrachs hinterlassen einen Laut, als würde ein Windstoß durch die Hallen wehen.

Nun kann man die flüsternden Stimmen immer deutlicher hören. Es sind nur einzelne Worte, die leise durcheinanderwirbeln, ohne sich zu stören. Dabei strömen golden-orangene Farben aus den Wänden und an den Wänden hinunter wie ein Wasserfall. Der Junge versucht, zu verstehen, was gesagt wird. Aber es sind Hieroglyphen, die er nicht versteht. Die Schmetterlinge fliegen an den Wänden entlang, um mit den sich abwechselnden schillernden Farbvariationen zu spielen. Den Jungen dünkt es, als würde ein Film auf einer riesengroßen Wand abgespielt. Konzentriert und wohlbehütet, sitzt er auf seinem Drachen Andrach und bewundert die Szene.

Von außen hat der Eingang der Höhle dunkel und nicht besonders einladend ausgesehen, ja eben, eher spartanisch. Aber je tiefer sie in die Höhle eintauchen, umso mehr nimmt sie die Formen großer leuchtender Hallen an. Auch hier stützen prachtvolle Säulen die Hallen. Paradiesische Vögel fliegen zwitschernd umher, nicht zu vergessen die bunten vielfältigen Schmetterlinge, die bis an die Decken der hohen Hallen gleiten. Der Junge fühlt sich fast wie im Paradies. Allerdings nicht zu vergleichen mit der blauen Dimension bei der Undine.

Das hier ist feststofflicher. Es erscheint kompakter und nicht so ausgedehnt und unendlich weitläufig wie die Traumdimension bei der schönen Undine und der Kristallbrücke.

Er spitzt wieder seine Ohren.

Einzelne Worte, die von den Wänden hallen, kann er erfassen. Er versucht, sie nachzusagen, hebt Andrachs lange Drachen-Ohren und flüstert sie leise nach:

„Uinllean ... Ur ... Beith ... Nuin ... Tinne ... Onn ... Edadh"

Ogham Alphabet = Magie − Glück − Neubeginn − Stärke − Energie − Fruchtbarkeit − Bewegung

Dann lässt er Andrachs Ohren wieder los, um sich zu konzentrieren. Die Stimmen wirbeln durcheinander und kreieren so wieder neue Worte. Er schließt die Augen und beginnt leise zu summen, um einen Rhythmus zu bekommen. Dieser Rhythmus hilft ihm, in das Geheimnis der orangenen Farbenwelt einzutauchen.

Die golden-diamantene Spirale beginnt sich weit in der Mitte der großen Halle auszudehnen. Sie wirbelt immer schneller und höher. Freyja begibt sich in diesen Wirbel und wird eingesogen von dieser Kraft. Jetzt werden auch die Wächter des Jungen wie ein Magnet in die Säule Metatrons hineingewirbelt.

Der Junge erschrickt zuerst, weil seine Wächter ihn verlassen. Er streckt seine Arme aus, um sie aufzuhalten. Andrach beruhigt den Jungen.

„Mein Junge, schau mal, was geschieht. Sie gehen nirgendwo hin. Alles bleibt, wo es ist. Es ändert sich nicht das WO. Es ändert sich aber das WIE."

„Junge, komm mit uns!"

Freyja ruft ihnen aus der schwingenden Spirale zu. Klänge schweben überall herum, in der Säule und um die Säule herum. Die Klänge kreieren Formen und beginnen einen speziellen Tanz der Manifestation. Gedanken und Wünsche nehmen Gestalt an. Freyja ist die Meisterin des Gestaltens, der Formgebung von Gedanken und Wünschen. Dies geschieht durch Schwingungen, welche Musik kreieren. Hier lernt man, wie man seine Seelenwünsche und Erfahrungen in Harmonie mit den persönlichen Talenten bringt. Das Know-How wird in diesen Hallen der Fröhlichkeit gelernt. Man lernt, zu fühlen, man lernt, diese Gefühle anzunehmen und sie umzusetzen.

„Junge, komm, lerne, wie man alles loslässt, um alles zu werden!"

Andrach schaut seinen Jungen an.

„Was meinst du? Sollen wir? Bist du bereit?"

Er seufzt, bevor er mutig antwortet. Er hat schon so vieles erlebt auf seiner Regenbogenreise, dieses hier gehört wohl auch in die lange Sammlung seiner Erfahrungen.

„O. k., Andrach, lass uns mittanzen!"

Langsam schwebt Andrach auf die Spirale zu. Erst fliegen sie um die Spirale herum, damit der Junge sich sicher fühlen soll. Dann lässt er sich in die Säule hineintreiben. Sie sind mitten in ein Lichtportal geflogen, das vom großen kosmischen Lord Metatron verwaltet wird. Es glänzt so hell und strahlend, dass es mit menschlichen Augen nicht auszuhalten gewesen wäre.

Andrach wird bis ganz nach oben in der Spirale geleitet, der Junge tief vergraben auf dem großen Nacken des Drachen, seines Seelenführers. Er ist überwältigt. Das Licht saugt ihn total auf. Jegliche Form, die an einen Jungen erinnern würde, ist aufgehoben. Er nimmt sich nicht mehr als Junge wahr. Er wird selbst wieder zu reinem Licht.

Das Licht spricht mit großer Macht, einer Stimme, die wie ein Echo aus allen Richtungen kommt und die eher an flüssiges Licht als an eine Sprache erinnert. „Alle deine Kodierungen werden aufgelöst. Deine DNS wird neu aufgereiht. In unseren Ebenen braucht es die DNS nicht. Die DNS dient zur Erinnerung an das Erbgut der Evolution. Es ist eine Blaupause. Ein Bauplan, der automatisch eingehalten wird. Nun, dieser Bauplan ist deinem und dem kollektiven, die aus unserer Quelle stammen, nicht mehr dienlich. Du beginnst einen ganz neuen Zyklus deiner Evolution. Zusammen mit deiner Monade ergibt sich ein neues Muster, eine neue Form. Und diese neue Form werdet ihr im Kollektiv im Menschenkleid ausdrücken. Somit dehnt sich auch das Licht weiter aus. Der kosmische Tag dauert weiter und gebärt sich in eine neue Ebene und in ein neues Verständnis."

Die flüssigen Stimmen waren sachlich und absolut emotionslos.

Der Junge bleibt eine ganze Weile formlos vom Licht der Zentralsonne verschluckt.

Der mächtige golden-diamantene Lord tanzt weiter, tief vereint mit seiner Göttin Freyja. Sie ist die Gebieterin der lebensspendenden Kraft, die Neues gebärt. Sie ist die Herrin der Magie, des Todes, der nicht wirklich existiert, und des Lebens.

Im Tanz vereint mit dem Lord, erschaffen sie neues Leben. Sie erschaffen neue Licht–Kodierungen, die in der DNS-Formation verlinkt und verankert werden. In der Urquelle sind die DNS-Stränge noch nicht verwickelt. Das Leben pulsiert in absoluter allumfassender Totalität.

Erst wenn das Licht, also die Urquelle selbst, ihre schöpferischen Ideen freischaltet, können diese vom universellen Plan aufgenommen und über Millionen von linearen Jahren in ihren speziellen Departements entwickelt werden. Was in linearer Zeitmessung Millionen von Jahren ausmacht, ist in der Lichtquelle nur ein Hauch eines Augenzwinkerns.

Sämtliches Leben ist einem periodischen Zyklus unterworfen. Dies ist das Geheimnis des Lichtes. Der Allmittelpunkt in der Mitte. In dem einen Punkt ist alles enthalten und entfaltet sich aus dieser illusionären Mitte.

Freyja ruft den Jungen sanft zurück aus der Quelle des Seins. Sie singt das Lied der Liebe und des lebendigen Lebens, um ihm erneut physisches Leben einzuhauchen. Sie bringt das Formlose in die neuprogrammierte Form.

Die Illusion des Weiblichen und des Männlichen haben sich auf seiner Reise in die Quelle neu formatiert, und nun erscheint der Junge zurück in Metatrons golden-diamantener Licht-Säule.

Seine Augen können noch nicht sehen, sie sind noch geschlossen. Freyja nimmt ihn in ihre Arme, wiegt ihn singend hin und her, damit er sich schnell an seinen neuen Lebensrhythmus gewöhnen kann. Sie haucht ihm den Atem der Lebendigkeit und des sich bewegenden Lebens ein. In ihren fürsorglichen Armen erwacht er zu neuem Dasein.

Er hat bereits mehrere Leben auf seiner Regenbogenreise abgeschlossen. Sogar bevor er als Mensch wiederum ein neues beginnt.

Andrach hüllt Freyja ein, damit sein Junge, den sie immer noch in ihren Armen wiegt, absolut beschützt ist. Er heißt den Jungen willkommen in seiner neuen Kraft und Lebendigkeit. Der Junge strahlt die Urquellen-Kraft, das Licht, mächtig aus, und auch Lord Metatron heißt ihn willkommen, zurück in die Materie. Es ist ein Fest der Neuwerdung und der gelungenen Formgebung und Ausführung des göttlichen Planes.

Die göttliche Intelligenz hat hier ihren Ausdruck gefunden. Der Junge hat seinen Bauplan selber in die Materialisation mitgenommen.

Er kommt seinem Menschenkleid langsam immer näher.

Der Junge öffnet bedächtig seine Augen, umgeben von fürsorglicher Aufmerksamkeit. Als Erstes erkennt er das strahlende Licht, das ihn umgibt. Er vernimmt das Singen und Zwitschern der Vielfalt und Schönheit der herumfliegenden Vögel und seine eben geöffneten Augen staunen erneut über die Pracht der Schmetterlinge. Ein wunderschön glänzend golden-orangener und violetter Schmetterling setzt sich sanft auf sein noch leuchtendes Gesicht, so als würde er ihn küssen. Der Junge lächelt. Er genießt das neue Erwachen, setzt sich auf, schaut sich um und umarmt seine lebensspendende Herrin, Göttin Freyja.

Metatron nimmt ihn in die Mitte seiner Spirale. Er verlangsamt seine Bewegungen und lässt so den Jungen bedächtig nach unten auf den Boden der Halle sinken. Seine Wächter lösen sich ebenfalls aus der Spirale und stehen sofort neben ihm. Als der Junge sich aufrichtet, steht Merlin da. Er erschien wieder einmal aus dem Nirgendwo. Oder direkt aus dem Licht vielleicht? Andrach lächelt den Meister anerkennend an und begrüßt ihn. Freyja und die Wächter begrüßen den Meister ebenfalls. Der Junge schaut den geliebten Meister freudig an. Hat er doch erst gerade an ihn gedacht! Das ist wirklich eine wundersame Wiederherstellung seiner Sinne.

Merlin ist stolz auf den Jungen. Er ist nicht nur ein guter Schüler, er ist auch sehr mutig. Lässt er sich doch immer wieder vertrauensvoll auf neue Abenteuer ein.

„Und wie fühlst du dich, mein Junge?"

Er antwortet, noch etwas schwach und mit neuer Stimme.

„Ich bin mir noch nicht so sicher. Aber jedenfalls fühle ich mich aufgenommen. Durch den Wandel in der Lichtsäule habe ich mein Original-Wesen gespürt. Irgendwie fühlt sich jetzt mein Kopf anders an."

Er berührt seinen Kopf mit beiden Händen und massiert ihn leicht.

„Es fühlt sich an, als würde mein Gehirn losgelöst in meinem Schädel herumschweben. Echt komisches Gefühl, Merlin. Ich fühle leichte Übelkeit und Schwindel. Wenn ich den Kopf drehe, scheint mein Hirn-Saft einige Sekunden später zu reagieren. Igitt, das ist merkwürdig!"

Freyja legt ihre Hände auf seine Schultern, um ihn zu unterstützen. Metatrons Säule steht still, aber immer noch ausgedehnt inmitten der großen lichten Halle. Er hat aufgehört, sich um die eigene Achse zu drehen.

„Das Plasma in deinem Kopf hat sich an die neuen Gehirnströme angepasst. Dein Kopf, der bald selber denken muss, wird geleert, damit du deine Sinne anwendest. Du hast eine erneuerte Neurologie bekommen, die dir im Schattenland hilft, dich wissentlich und bewusst mit deinen Ahnen, deiner Sternenfamilie und mit anderen Galaxien zu verbinden. Deine Sinne enthalten das volle universelle Programm! Das Plasma, das du bei den kristallenen Gesichtern erlebt hast, nimmt jetzt, in deiner erweiterten Neurologie, seinen Dienst auf!

Normalerweise ist der Kopf ein Computer, der nur ausspuckt, was ihm eingegeben wurde. Für Lösungen helfen dir deine Sinne, deine Intuition mehr als der Kopf. Sie verhelfen dir zur erweiterten Wahrnehmung. Im Menschenkleid wirst du dich mit dir selbst, deiner Erdenfamilie, deinem Leben identifizieren müssen, um dich an das kollektive Programm, das auf Erden herrscht, anzupassen."

Mutig stellt er seine Fragen, untermalt mit großen Zweifeln.

„Und wenn ich mich nicht wirklich an diese Matrix, an das unerleuchtete Bewusstsein halten will? Das Menschenbewusstsein ist ja noch im Rohzustand. Unterbelichtet ... jedenfalls war es das, als ich das letzte Mal auf Erden war. Oder haben sich die Menschen einem höheren Bewusstsein geöffnet???

Sie sind wohl immer noch in ihrer Materie verhaftet, ohne Weitsicht ...?"

Merlin, Andrach und Freyja schauen ihn an.

„Du magst dich wirklich noch an deine letzte Reise zur Erde erinnern?"

Der Junge wirft seine Arme in die Luft.

„Aber ja doch! Deshalb wollte ich nicht wirklich wieder auf diese Reise losgeschickt werden. Das habe ich damals dem Regenbogen gesagt!"

Der Junge hat sich zum ersten Mal über seine Zweifel und den Unmut tief in seinem Innern geäußert. Irgendwie empfindet er das befreiend.

„Du löst gerade Erinnerungen aus vergangenen Leben. Das Licht hat deinen Unmut an die Oberfläche gebracht, damit du es bereinigen konntest. Das ist bereits geschehen, als du in der Quelle warst. Und jetzt reagierst du auf diese Bereinigung. Aus der Tiefe deines Unbewussten ist es jetzt an die Oberfläche gespült worden, damit du es spürst und loslassen kannst!"

Freyja umarmt den Jungen, der nun aufgestanden ist und unschlüssig dasteht. Er fühlt sich etwas schuldig über seine Äußerung.

„Auf dieser Reise, mein Junge, beginnt ein neuer Zyklus für dich. Deine Programme wurden gelöscht. Du darfst eine ganz neue Beziehung zu allen Dingen beginnen. Zu dir selbst, zu deiner Quelle sowie zu deinem Erdenleben, das du bald beginnen wirst. Das Menschenkleid wartet bereits auf dich. Aber vorerst genieße das Eins-Sein im Lichtfeld, das alles Bewusstsein, alle Ebenen miteinander verbindet. In diesen orange-goldenen Hallen lernst du das Leben, die materielle Welt, zu genießen. Du brauchst dich für gar nichts zu schämen. Umarme die Kraft des lebendigen Lebens. Sage ja und finde deinen Platz auf Erden, damit du deine Talente ausschöpfen kannst."

Der Junge verbirgt seinen Kopf in Andrachs Flügel. Mitten in dieser freudvollen orange-goldenen Dimension, inmitten dieser Wärme und Geborgenheit möchte er am liebsten weinen. Die Vorbereitung auf das materielle Leben bedrückt und erfreut ihn zu gleichen Teilen. Merlin und Freyja warten geduldig. Alles hat seine Zeit.

Die Schmetterlinge umschwirren ihn wie kleine Sylphen, lautlos und huschend deuten sie ihm, nicht traurig zu sein. Sie locken ihn aus seinem Versteck hinter Andrachs Flügel. Den Kopf noch immer in Andrachs Fell versteckt, streckt er seine Arme aus, damit sie auf ihm landen können. Das tun sie auch. Der Junge und die Schmetterlinge gehen ein gemeinsames Bündnis ein, zwischen ihnen besteht innige Vertrautheit. Ist nicht das ganze Sein im Kosmos von äußerster Schönheit, Zartheit, Werden und Vergehen? Sind sie nicht alle Kinder der Ur- Sonne? Sind Schmetterlinge Erinnerungen an das Elfen-Volk?

Er verspricht ihnen, dass er, auch wenn er im Schattenland weilt, mit ihnen Kontakt aufnehmen wird, um sich immer an diese Hallen der Freude zu erinnern. Die Schmetterlingselfen versprechen ihm, dass sie ihn zahlreich aufsuchen werden, wo immer er sei. So soll die Freude gegenwärtig sein. Er lächelt ihnen dankbar zu und bedankt sich für dieses Versprechen. Es macht ihn wieder froh.

Langsam löst er sich von Andrach und richtet sich auf.

Metatron, der sich bis anhin ruhig verhalten hat, nimmt den Jungen ein letztes Mal vor der bevorstehenden Abreise in seine Spi-

rale. Mitten hinein in seine Licht-Säule. Gewaltiges, goldenes, pures Licht wird ausgestrahlt. Jegliches Geräusch wird ausgeschaltet. Es herrscht absolute Stille. Klares Schwarz schluckt dieses Momentum. Nichts ist so, wie es scheint ...
Merlin nimmt seinen Zauberstab, streicht über Andrachs Rücken, um auch ihn auf die nächste Phase der Reise vorzubereiten. Da er als Seelendrache fungiert, werden beide, Drache und Junge, neu aufeinander abgestimmt. Wo Fortschritt geschieht, geschieht es im großen Ganzen.
Die exotischen Vögel kreisen über Andrach, sie singen das Lied der Schöpfung. Sie werden das gleiche Lied für den Jungen singen, wenn er zurückkommt. Mit diesem Lied erkennen sich Drache und Mensch zu gleicher Zeit, auch wenn sie sich in ganz unterschiedlichen Wirklichkeiten aufhalten. Es ist die Erkennungsmelodie der Seelen.
Freyja geht zur Lichtsäule, um den Jungen aus der Lichtspirale, die ganz in Schwarz gehüllt ist, abzuholen. Das Licht, das Metatrons Säule nach innen ausgestrahlt hat, war nur für den Jungen bestimmt. Die schwarze Hülle löst sich und das Licht bestrahlt die Wände und die prachtvollen Säulen in der Halle. Alles wird noch mal in golden-orangefarbenen Schimmer gebadet.
Der Junge wird freigelassen und Freyja nimmt ihn bei der Hand. Er bedankt sich bei der Säule des diamantenen Lords Metatron und spaziert langsam und etwas schwankend zurück zu Andrach. Er schaut zu, wie Merlin mit dem Zauberstab neue Farbkodierungen auf seinen Drachen zeichnet. Das Singen der Vögel macht richtig fröhliche Stimmung. Während sie auf Merlin und Andrach warten, spielt er mit den zarten Schmetterlingen.
Freyja, immer noch die Hände des Jungen haltend, erklärt, was in der Säule Metatrons geschehen ist.
„Lord Metatron hat meine Stimme und meine Weisheit wie Software in dir programmiert. Dadurch werde ich immer präsent bei dir sein, mein Junge. Ich bin die Göttin in dir. Ich bin ein Ausdruck des Shekina Universums, das zu gegebener Zeit in deiner Menschenzeit zur Entfaltung kommen wird. Darüber wirst du später mehr erfahren."

Freyja drückt den Jungen an sich. Lange schaut er sie an mit seinem durchdringenden Blick. Er will ihre prächtige Schönheit und lebensspendende Kraft verinnerlichen. Dann umarmt er sie und bedankt sich. Viele Worte nutzen hier nichts, in einer Umarmung ist alles gesagt, für das es sonst keinen Ausdruck gibt.

Bald ist auch Merlin mit seiner Arbeit zu Ende. Andrach schaut den Jungen an, der noch in der Umarmung mit Freyja liegt. Andrach ist etwas beduselt, wegen seiner neuen Farben, die natürlich auch eine neue Geometrie erfordern. Immerhin sind Farben manifestierte Intelligenzformen, die ihre eigenen platonischen Körper formen. Und geometrische Formen sind Kodierungen, eine energetische Sprache, die dann umgesetzt werden kann. So wie das die Blume des Lebens erklärt hat im Magenta-Farbstrahl.

Langsam finden sie sich alle zusammen. Die Wächter des Jungen glühen im golden-orangenen Licht. Sie stellen sich wieder je einen zur rechten und einer zur linken Seite des Jungen. So weiß er, dass seine Zeit gekommen ist.

Er dreht sich um, bestaunt zum letzten Mal die mächtige Halle. Er schließt die Augen, um mit den Schmetterlingen, mit denen er einen Pakt geschlossen hat, zu kommunizieren. Und er singt leise das Lied, das die Vögel ihm mit auf den Weg gegeben haben. So nimmt er auf seine eigene Weise Abschied, der in Wirklichkeit keiner ist.

Gemeinsam verlassen sie gemütlich die Halle, schweben dem ganz normal aussehenden Höhlenausgang zu.

Auch hier gilt das Gesetz: Es ist nicht alles so, wie es scheint ...

Die Luft verändert sich, wird frisch und feucht. Das Gezwitscher eines ganz anderen Vogelschwarms ist bereits von Weitem zu hören. Das macht ihn glücklich, weil er so außen wie innen ähnliche Realitäten vorfindet. Sie singen eine ähnliche Melodie wie die exotischen Vögel in der Halle. Nicht ganz vergleichbar, dennoch reicht es zur Erinnerung. Die wahre Melodie ist in seinen inneren Welten gespeichert. Alles, was je erschaffen wurde, hat das Original in der Anderswelt. Sonst könnte es ja wahrlich nicht durch alle Schleier hindurch in die Materie hinübergezogen werden. Logisch, oder?

Viele Menschen haben großartige Ideen, die nie umgesetzt werden. Diese Ideen bleiben irgendwo hinter einem der unendlichen Schleier hängen, weil der Mensch die Idee nicht in seine Wirklichkeit gezogen hat. Die großartige Idee hatte keine Kraft, sich zu verwirklichen! Freyja hat dem Jungen gezeigt, wie wichtig das Fühlen für das Manifestieren und Verwirklichen großartiger Ideen ist.

Der Junge will diese Lektion nicht vergessen und speichert sie in seinen Erinnerungsschubladen.

Die Korallenschwade wartet am Rande der Höhle auf ihn. Fast wie ein Taxi. So, wie sie es dem Jungen versprochen hat. Spezialservice, um ihn daran zu erinnern, dass man im Leben auch mal Hilfe annehmen darf. Das Leben darf auch fließend und leicht geschehen!

Göttin Freyja wechselt ein paar Worte mit der korallenfarbigen Schwade, ihre beiden Farben vermischen sich leicht und es entsteht ein traumhaft schönes Farbspektrum. Wie flüssiges Licht, das sich im Wasser spiegelt, einem goldenen Sonnenuntergang gleich. Eine harmonische Melodie ertönt aus der Zusammensetzung der Farbstrahlen. Der Junge lächelt, seine Zellen beginnen leicht zu vibrieren. Er verspürt plötzlich eine leichte innere Unruhe. Es drängt ihn, weiterzugehen.

Freyja und Merlin helfen ihm, wieder auf die Schwade aufzusteigen. Er kann nicht aufhören zu lächeln. Er weiß selber nicht, warum. Aber hier stört sich ja keiner daran. Freyja umhüllt ihn noch einmal, bevor sich die Korallenschwade wendet und eine neue Richtung anzeigt. Der Junge atmet Freyjas Wesen tief ein und verspricht ihr, ihre Stimme, die auch in ihm wohnt, nicht zu vernachlässigen.

„Das will ich doch hoffen, mein Junge, sonst werde ich dich anderswie daran erinnern, dass ich nie weit von dir entfernt bin! Darauf kannst du zählen!"

Sie lachen und umarmen sich, dann lässt sie ihn weiterziehen.

Der Junge schaut auf seine treuen Wächter, die Stellung eingenommen haben. Er staunt, da Merlin keine Anstalten macht, sich in Nichts aufzulösen.

„Mein Junge, wir reisen jetzt in das letzte Departement, bevor du dein Menschenkleid anziehen wirst. Da bin ich gerne mit dir und begleite dich noch ein wenig." Der Junge ist hocherfreut über diese Nachricht. Das stärkt sein Selbstvertrauen und er weiß jetzt, trotz Selbstzweifel, dass irgendwie alles gut gehen wird. Mit seinem geliebten Meister an seiner Seite fühlt er sich sicher und wohlbehütet.

So ziehen sie ihres Weges, drehen sich um, um Freyja zu winken. Sie wirkt wie eine Übermutter, die ihrem dahinziehenden Kind nachschaut. Es erinnert ihn an die Schlange im Smaragd-Departement, sie hat ihn auch so wissend angeschaut. Freyja verschwindet immer mehr in der Ferne und das Farbspektakel verändert seine Melodie.

Nach geraumer Zeit bleiben sie an einer Weggabelung stehen. Der Junge reibt seine mittlerweile etwas müden Augen. Er schaut auf Merlin, der ihn still begleitet hat. Der Junge mag nicht viel reden. Das Abenteuer mit Freyja will er noch etwas ausklingen lassen. Und auch die herrlichen Schmetterlinge und das süße Gezwitscher der Vögel noch lange mit seinen inneren Ohren hören. Da wollte er sich nicht ablenken mit einer Unterhaltung.

Mitten auf dem sich dahinziehenden Weg bleiben sie stehen. Der Junge schaut auf Merlin und seine Wächter. Und jetzt?

„In welche Richtung gehen wir jetzt, Merlin? Soll ich wählen, wählst du oder wird für mich entschieden?"

In diesem Moment braust ein großes, sehr geschmeidiges Wesen auf sie zu. Der Junge zieht sich unsicher in die Schwade zurück, das Wesen hat weder eine klare Farbe noch eine strukturierte Form.

Das Wesen ist in einem dunklen Mantel mit großer Kapuze geschützt. Man kann auch kein Gesicht erkennen.

Da Merlin sich ruhig und gelassen verhält, entspannt sich der Junge und wartet, was da auf ihn zukommt. Es scheint, dass sich die Entscheidung, die er treffen wollte, bereits entschieden hat.

Die Täuschung

Eine Entscheidung ist eine Entscheidung, die hier hat er aber nicht selber getroffen. Wenigstens ist ihm dies nicht bewusst. Wieso denkt er über Derartiges nach? Was hat das Wesen bereits ausgelöst? Will er überhaupt eine Entscheidung treffen? Was, wenn er sich dagegen entscheidet? Also gegen eine Entscheidung?
„Merlin, was ist mit mir los? Was geschieht mit mir? Weshalb muss ich eine bestimmte Richtung wählen? Mit euch unterwegs zu sein, über die ganze Regenbogenbrücke, verlief bis anhin fließend. Alles war immer klar. Und nun blockiert es plötzlich. Was soll ich jetzt tun?
Die Wächter rücken näher zu seinen beiden Seiten. Sie spüren seine Unsicherheit. Er ist es nicht gewohnt, nicht im Einklang mit dem Lebensfluss zu sein.
„Du näherst dich deinem Menschenkleid, Junge. Die Einheit, die du in deinem wesentlichen Selbst, also in deinem eigenen Lichtfeld erlebst, wird durch den Verlust der feinstofflichen Wahrnehmung in der Materie als unterbrochen erlebt. Du hast Angst, diese Einheit, die du bist, nicht mehr zu fühlen. Das erschafft Einsamkeit, Suchen, Verwirrung und so vieles mehr. Man sucht unbewusst die Gemeinschaft, von der man getrennt wurde."
Merlin beobachtet den Jungen. In diesem Departement werden viele seiner Ängste freigesetzt, auch Ängste aus vielen anderen Lebenserfahrungen. Davor hat er sich bereits am Anfang

seiner Reise über den Regenbogen gefürchtet. Und jetzt muss er vielen dieser unterschwelligen Ängsten noch einmal begegnen.

„Mein Junge, du weißt, dass dieses Getrenntsein nur eine Illusion ist, wie so vieles andere auch, nicht wahr? Auf dieser Reise wirst du das ganze Farbspektrum mit in deine Materie nehmen und das letzte Departement, welches dir am meisten Angst bereitet, bereinigen.
Du sollst dich nicht sorgen, überwinde es. Deshalb bin ich bei dir und wir lösen deine Ängste miteinander."
Tja, jetzt also. Das wusste er, dass die Materie nicht ganz seine Welt ist. Genau genommen, ist es nicht die Materie, sondern das minimale Bewusstsein, das das Schattenland beherrscht. Er will nicht wieder mundtot gemacht werden für sein außergewöhnliches Licht und das Wissen ferner Galaxien und Existenzen, das er mit zur Erde nimmt.
Er wird also lernen, dass die Materie AUCH seine Welt sein könnte. Er schaut wieder seine Wächter und dann Merlin an. Ihm ist nach starkem Fluchen zumute. Er schämt sich für dieses Bedürfnis. Merlin hört seine Gedanken und lacht laut.
„Genau das, Junge, schenkt dir Kraft. Sammle deine angestaute Wut und verwende sie kreativ, um dich aus sehr alten, blockierten Emotionen zu befreien. Lerne, deine Gefühle konstruktiv zu kanalisieren, dann wirst du viel erreichen."
Merlin gurgelt ein warmes verständnisvolles väterliches Lachen.
„Mein Junge, es beginnt schon ganz ordentlich zu mencheln bei dir!"
Wobei er dem Jungen auf die Schultern klopft als Zeichen, dass auch das alles o. k. ist. Es freut ihn, so viel Kraft im Jungen zu sehen.
Irgendwoher sind ihnen die Vögel auf der Weiterreise gefolgt und setzen sich auf die Schultern des Jungen. Sie singen ein fröhliches Lied, das seine Stimmung hebt. Das ist ein gutes Zeichen, dass sie ihm gefolgt sind. Statt anständig zu fluchen, bedankt er sich bei ihnen für ihren Dienst, ihn aufzuheitern und ihm Mut zu schenken.
Er atmet laut und sehr tief ein. Setzt sich ganz gerade auf die Korallenschwade, die nur noch schwach das gold-orangene dia-

mantene Licht reflektiert. Sie sind doch schon ziemlich weit von Freyja entfernt. Und doch nicht. Ihre Stimme ist in seinem Innern. Daran denkt er, als er sich mutig dem Wesen, das auf der Weggabelung auf sie zugekommen ist, stellt. Gleichzeitig streckt er seinen Arm Merlin entgegen, um die Unterstützung seines Meisters zu spüren.

Er kommt jetzt dem Wesen sehr nahe. Die Vögel sind auch noch da, aber sie haben aufgehört zu singen. Seine korallenfarbige Taxi-Schwade verstärkt ihr Licht, um ihn auch zu unterstützen. Es darf ja auch einfach gehen, nicht? Er atmet ein zweites Mal tief durch und stellt sich endgültig seinen Ängsten.

„O. k., was oder wer immer du bist, du bist hierhergekommen, um mir etwas aufzuzeigen. Ich bin jetzt bereit, dir zuzuhören."

Das Wesen unter der Kapuze spricht telepathisch zu ihm, ohne dass es sein Gesicht zeigt. Es hält den Kopf so tief, dass die Kapuze seine Persönlichkeit versteckt hält.

„Du gefällst mir, Junge. Du hast Mut. Ich bin dein Schatten, der dir folgt, wo immer du bist. Ich habe Lust, dich zu blockieren und deine diamantene Seele zu unterdrücken. Du sollst dein Licht nicht scheinen. Du sollst dorthin zurück, woher du gekommen bist, hinter dem Regenbogen. Da ist dein Zuhause. Du zerstörst mir meine Arbeit als Zerstörer.

Du und deine Seelenmonade sollen mir nicht dazwischenfunken. Die Angst ist mein Spezialgebiet. Angst und Boshaftigkeit unterdrückt die Menschen und somit ist meine Aufgabe eine leichte!"

Der Junge starrt das Wesen an, das war doch ziemlich dick aufgetragen! Nicht zu fassen. Er schaut sich nach Merlin um.

„Merlin???"

Merlin schaut ihn an. Neutral.

„Merlin?????"

Nichts, neutraler Ausdruck, aber nahe, direkt neben ihm. So wie Merlin sind auch seine Wächter noch etwas näher an seine Seiten gerückt. Der Junge schaut wieder auf Merlin und sieht, dass dieser kaum merklich lächelt, nur andeutungsweise, aber immerhin.

O. k., wenn das so ist ...

Er dreht sich um, wieder das Wesen anstarrend. Seine Stimme ist jetzt ziemlich trotzig geworden.
„Und? Was noch?"
Das Wesen schweigt, es versucht, den Jungen einzuschüchtern. Aber der erinnert sich seiner Regenbogenherkunft und ist neu gestärkt, vor allem auch durch das subtile, unscheinbare Lächeln Merlins.
Zum ersten Mal auf seiner Regenbogenreise erlebt er eine ungemeine Disharmonie. So, wie er sie von seinen letzten Reisen in die Erdenwelt in Erinnerung hat. Dieses Mal will er sich einfach nicht, auf keinen Fall, unterkriegen lassen. Er hat so viel Unterstützung bekommen, damit lässt es sich schaffen, die gezielte schwarze Macht und Boshaftigkeit zu überwinden! Die Gegenkräfte des Lichtes sind grausam, aber nicht unüberwindbar! Immerhin muss er jetzt mit der Realität der Polarität klarkommen.
Mit starker Stimme spricht er zu dem seltsamen, formlosen Wesen:
„O. k., ich sag dir, wer oder was immer du bist. Ich mag im Menschenkleid oft verzagen, ich werde zweifeln, ich werde leiden wie alle anderen auch. Aber ich verspreche mir selber, dass ich nicht aufgeben werde. Ich bin es mir selbst sowie meiner Sternenfamilie schuldig."
Dann legt er seinen Kopf schief, studiert kurz und verbessert seine Aussage.

„Nein, ich korrigiere mich! Ich bin niemandem etwas schuldig. Nur mir. Ich lasse mich nicht mehr einschüchtern wie in anderen Lebenszeiten, wo ich zum Opfer wurde. Ich will nicht mehr leiden, weder Opfer noch Märtyrer sein. Du hast es geschafft, mich immer wieder aufzuhalten. Mich zu unterwerfen, mich zu demütigen, mich zu verlieren. Dieses Mal nehme ich meine diamantene Zwölfer-Entourage mit mir. Sie stehen mir zur Seite. Ich werde auch nicht mit dir kämpfen. Da würde ich ja alle Kraft an dich verlieren. Und das genau möchtest du.
Ich nehme mir vor, das Licht so stark zu strahlen, dass deine Macht ihre Machtlosigkeit erkennen kann. Wenigstens in meiner Wirklichkeit soll es so sein. Ja, so soll es sein!"

Der Junge streckt sich, wendet sich Merlin zu, ohne auch nur einen Blick auf das Wesen zu richten.

„Merlin, habe ich das wirklich alles gesagt? Erstaunlich! Ich kenne mich ja gar nicht wieder!"

Er schüttelt über sich selber den Kopf und beginnt zu lachen. Erst verhalten erstaunt, dann lauter und hysterisch befreiend. Er lacht dem Tod, der Angst, der Unsicherheit, dem Leben entgegen. Er spürt die befreiende Kraft des Loslassens und der daraus entstehenden inneren Entspannung.

Merlin legt seinen Arm um die Schultern des Jungen und freut sich mit ihm.

Plötzlich hält er inne, weil er wahrnimmt, dass die Vögel noch immer nicht zwitschern. Also schaut er wieder auf das Wesen, das jetzt seine Form gewechselt hat. Es leuchtet ganz sanft, sehr schwach und nicht klar. Er spürt, dass das Wesen ihn erneut überlisten will. Listig wie der Wolf im Schafspelz. Aber der Junge lässt sich nicht beirren. Falschheit bleibt falsch, egal wie farbenprächtig das Kleid, in das es sich hüllt, erscheint.

Der Junge spürt, dass er sich in Acht nehmen muss, sehr wachsam sein, während er im Menschenkleid wohnt. Die Schatten haben ihre schönsten Verkleidungen ausgesucht, um erneut zu verführen und sich die Seelen zu rauben, über die sie schon so lange herrschen.

Die gierigen Schatten, die Nahrung brauchen, wollen ihre Opfer nicht einfach so preisgeben. Das Schattenland kämpft immer gegen irgendetwas. Oftmals sieht der Schatten seinen eigenen Schatten und nimmt ihn für wahr. Er erkennt gar nicht mehr, dass er seinen eigenen Schatten wirft. Die Selbsttäuschung ist enorm ...

Merlin verstärkt den Druck auf die Schultern des Jungen. Die korallenfarbige Schwade verstärkt ihr Licht, um ihn aus seiner Trance aufzuwecken. Der Junge driftet bereits wieder ab, er wird bald eine Entscheidung treffen müssen. Das Wesen, das alles versucht, um den Jungen zu verführen, versucht, zu glänzen, versucht, seine Form zu verändern und singt sogar hohe Töne, um seine Sinne zu vernebeln. Es gibt sich die allergrößte Mühe. Aber

es ist nutzlos. Der Junge erwacht wie aus einem langen Traum, schaut das verführerisch lächelnde Wesen an.
„Nein echt, endgültig! Ich schenke dir keine meiner Kräfte mehr. Ich habe mich entschieden, bewusst den Weg des Regenbogens zu gehen. Ich kämpfe nicht mehr, weder mit dir noch mit meinen eigenen Schatten. Ich habe keine Kraft mehr zum Kämpfen. Das habe ich zu viele Menschenleben lang getan. Jetzt will ich eine neue Erfahrung erleben. Und da gehörst du bestimmt nicht mehr mit ins Programm."
Er schaut das Wesen lange an, so als könnte er hiermit die eigene Angst überwinden. Die Angst vor der Angst neutralisieren.
Er nimmt sich vor, tiefliegende Ängste und Erinnerungen ans Schattenland und deren dunkle Mächte ans Licht zu bringen und sie zu transformieren. Beim bloßen Gedanken daran friert er. Er schüttelt sich, aber dann konzentriert er sich erneut.
Das Wesen lächelt unter der Kapuze, man kann es hören, weil die Stimme sehr freundlich geworden ist.
„Ich werde dich nicht einfach so gehen lassen, Junge. Du bist ein Meister aus dem Licht und davon nähren sich meine Erinnerungen und mein Mikroorganismus. Nur so kann ich mich weiterentwickeln. Ich werde dir wieder begegnen, wenn du im Menschenkleid wohnst. Ich will mich in deine geistige Intelligenz einschleichen, damit ich weiterleben kann. Ich werde dich angreifen, darauf musst du gefasst sein."
Das Wesen hat ruhig gesprochen. Es ist eine Tatsache, fertig.
Lange beobachtet der Junge das Wesen, ohne über das Gesprochene zu diskutieren. Da gibt's nicht mehr viel zu erläutern. Er will nicht noch mehr Energie durch unnötige Worte verschwenden. Das Wesentliche wird in vielen Worten oft verpasst. Während seiner Beobachtungen meint er schließlich nur kurz:
„Ich weiß, dass du mir wieder begegnen wirst. Ich werde nicht betteln, dass du mich in Ruhe lässt. Aber ich werde meine eigenen Sonnenkräfte aus der Zentralsonne aktivieren. Diese hohen Frequenzen sind ein Schutzschild, das du nicht durchbrechen kannst. Ich erlaube dir, mich im Spiel der Polarität zu beobachten. Das ist unausweichlich. Und ich erlaube mir, in keiner

Weise dein Opfer zu werden. So lass uns einen Pakt schließen. Du greifst mich nicht an und ich akzeptiere dich, aber kämpfe nicht mit dir."

Das Wesen nickt und willigt ein. Es bleibt, wo es ist, rührt sich nicht von der Stelle. Sein Gesichtsausdruck ist mürbe, es scheint zu sagen: wie auch immer. Du magst aufhören zu kämpfen, ich lebe davon. Ich gebe nicht auf.

Der Junge spürt das und weiß, dass das ein flapsiger Pakt ist. Dem Schatten ist nie zu trauen. Er schaut zu Merlin, der ihn langsam vom dunklen Wesen abwendet. Seine Wächter stehen ihm nahe zur Seite und schützen ihn. Wellenbewegungen strömen durch die Korallenschwade. Das hilft dem Jungen, die trüben Gedanken zu lüften und sich auf sein eigenes Wesen, das diamantene Licht, das er selber ist, zu konzentrieren.

Er atmet tief durch, um sich wieder zu generieren.

Das Wesen bleibt zurück, wo es ist. Es bleibt regungslos stehen. Es weiß, dass seine Zeit begrenzt ist. Aber das Wesen kann es nicht lassen und ruft ihm hämisch nach:

„Bevor du ganz nach oben strebst, musst du erst ganz nach unten! Ich verstecke mich in deinen Krankheiten, Ich verstecke mich in deinen Selbstzweifeln, in deinem niederen Selbstwert, ich werde dich verführen. Da ich deine Schwachstellen bestens kenne, ist das einfach! Ich werde dich täuschen, verblenden und emotional verwirren. Ich werde mich in deinen Mental einschleichen. Ahhh, darauf freue ich mich jetzt schon, und wie ich mich freue! Ich werde deine Unsicherheiten ausnutzen, damit du immer wieder an deiner Sonnenkraft zweifeln wirst! Ich ernähre mich an deinen Schatten, ich verschleiere die Illusion, damit du sie nicht erkennen kannst. Du wirst vor mir davonrennen wollen. Aber da kannst du rennen und rennen …"

Gerade als er noch viele gruslige Dinge aufzählen möchte, winkt der Junge ab Richtung Dämon, ohne sich umzudrehen oder ihn sehen zu wollen.

„Dann werde ich dich in meinem Menschenkleid als Lehrmeister anwenden, um die Schatten zu erlösen, damit auch sie Heilung finden können! Ich werde nicht mehr davonrennen, ich werde mich dir, meinen Ängsten, meinen Zweifeln und meinen Unsicherheiten stellen!"

Der Junge hat mit starker Stimme gesprochen, nun schaut er doch kurz zum Dämon hin. Der flüstert sehr leise, aber klar vernehmbar für alle Anwesenden:

„Ich hasse dein Licht, deine Sanftmut und deine Klarheit. Ich fürchte mich davor!"

Die dunkle Macht achtet und respektiert den Jungen, der so stark ist und seiner eigenen Listigkeit gewachsen zu sein scheint.

Merlin und die Wächter haben sich abgewendet und schweben weiter, dem Ziel, ins Menschenkleid zu kommen, entgegen. Er hat sich für die rechte Abzweigung der Weggabelung entschieden. Die Vögel, die sich lange still verhalten haben, beginnen wieder ihr Lied zu singen. Langsam, ganz langsam harmonisiert sich die Situation wieder. Diese Begegnung war doch etwas heftig und schockartig.

„Was empfindest du jetzt, mein Junge? Was zeigt dir diese Situation auf?"

Merlin spricht verständnisvoll und väterlich auf den Jungen ein.

Nach stillem Überlegen antwortet er sachte:

„Ich glaube, ich habe eben erkannt, dass ich stärker bin, als ich dachte. Ich werde diese Kraft, die ich von meinen Meistern gelernt und erkannt habe, mitnehmen in mein Menschenkleid. Alles, was ihr mir gezeigt habt auf meiner Regenbogenreise, möchte ich umsetzen im Schattenland. Ich will mich unbedingt an eure Lehren, euer Mentoring erinnern können, um schwierige Situationen besser überwinden zu können. Ich brauche diese Lebenskraft. Ich werde sehr, sehr wachsam sein müssen! Es fühlt sich an, je weiter ich mich auf mich selbst konzentrieren muss, um im Gleichgewicht zu bleiben, desto weiter treibt mich das auch weg von der Gemeinschaft gleichgesinnter Sternenfreunde und meiner Lichtfamilie. Das macht mich traurig. Mein Lichtzuhause ..."

Wieder schaut er Merlin an und seine Augen werden trübe.

„Das ist nur deine Wahrnehmung. Dein Sternenzuhause ist nicht weit weg, es ist die Zentralsonne, die gleichermaßen in dir wohnt.

Wenn du mir noch einen kurzen Tipp erlaubst: Deine stärksten Gegner, deine Widersacher und angeblichen Feinde sind deine besten Lehrer. Nur durch die Gegenpole wirst du deine Stärken erkennen! Du hast einen ausgeprägten starken Willen! Benutze ihn." Gerade als Merlin weitersprechen will, erscheint Freyja, ihr orange-goldenes Strahlen ist gigantisch. Es hebt die ganze Traurigkeit und Melancholie sofort auf. Es lindert den erlebten Schock auf einen Schlag. Alle freuen sich mächtig über diese Überraschung. Sie steigt von ihrer Wolke, schwebt auf den Jungen zu und überreicht ihm eine viereckige Holzschachtel. Er nimmt sie entgegen und staunt über das Gewicht. Sie ist mit goldenen Ecken versehen, im Deckel sind geheimnisvolle Strukturen und Zeichen aus dem Regenbogenarchiv eingraviert. Teilweise erkennt er Insignien wieder, die er im gelb-goldenen Departement bei den Schreiberlingen gesehen hat. Es sind uralte Schriften, die Geheimnisse des Lichtes und des universellen Gedächtnisses enthalten. Schon ist er ganz vertieft. Alles, was mit Schriften zu tun hat, fesselt ihn. Sie lassen ihn gewähren und beobachten ihn.

Merlin und Freyja tauschen scherzende, vertrauliche Worte und Begebenheiten aus, während sie auf den Jungen warten.

Er schaut Freyja an. „Darf ich den Deckel öffnen?"

„Aber ja, mein Junge, deshalb sind wir hier. Was in der Schachtel liegt, ist ein Geschenk von Lord Metatron. Er hat es mir überreicht, damit ich es dir bringe, während du mit dem Wesen an der Weggabelung beschäftigt warst. Wir haben das Geschehen miterlebt und er wollte dir helfen. Auf seine Weise, versteht sich. Wir dürfen nie für jemanden eine Entscheidung treffen. Das Gesetz des freien Willens erlaubt dies nicht. Aber helfen können wir. Meistens wird die Hilfe nicht wahrgenommen, da die Menschen vergessen haben, auf die Stimme im Zentrum zu hören. Nun schau mal in die Schachtel, was ist da drin?"

Vorsichtig öffnet der Junge die magische Holz-Box. Glitzerstrahlen blenden ihn sofort. Eine Stimme aus der Schachtel spricht, es hört sich an wie ein donnerndes Echo.

Es ist die Stimme Metatrons, Lord des Lichtes und des schöpferischen universellen Geistes.

„Ich bin dein Gewissen, ich bin dein Wissen. Erlaube mir, immer an deiner Seite zu wirken, während du im Land des Vergessens verweilst.

Ich bin das Elektron ...
Ich bin deine Lichtkraft ...
Ich bin deine Meisterschaft ...
Ich bin deine Erinnerung ...
Ich bin dein Original ... deine Seele kann nicht mehr geklont, manipuliert oder anderweitig missbraucht werden!
Mit meiner Hilfe befreit sich deine Seele aus Abhängigkeiten.
Dein Geist ist durch meinen Schutz unantastbar!
Das Einzige, über das du zu verfügen hast, ist dein materieller Körper, der bald im Menschenkleid erscheint.
Du wirst ihn wie ein wunderschönes Zuhause pflegen, damit ich in dir wohnen kann. Keine Krankheit oder sonstige Missstände können deinen Körper zerstören. Selbst wenn das Schattenwesen dich überwältigt, du deinen Glauben an das Gute verlierst, ich werde da sein und dich wieder aufrichten.
Ich bin dein Original. Das Original kann nicht zerstört werden.
In deinem menschlichen feststofflichen Zuhause werde ich mich als deine Zentralsonne ausdrücken.
Ich bin dein kosmischer Herzschlag ...
Große Kräfte fließen durch dein Menschenkleid ...
Ich bin dein: ICH BIN ...
Die Grenzen werden aufgehoben."
Das Echo ist still. Alle sind still. Einige paradiesische Schmetterlinge schweben lautlos aus der Box, sie glitzern, sie sind durchscheinend und so verletzlich. Und doch so voller Licht-Kraft.

Das Herz des Jungen klopft stark. Er verspürt Furcht. Ist er dieser Aufgabe gewachsen?

Immer noch vertieft in das Gesprochene, die Box in den Händen haltend, steht er da. Die Schwerelosigkeit, das Spielerische scheinen von ihm gewichen zu sein. Er ist ein Lichtmeister, der tatsächlich durch den ganzen biologischen Prozess der menschlichen Erfahrung geschleust wird. Die Geburt in die Materie, er wird wieder Windeln tragen müssen und kann sich seinen Eltern nicht verständlich mitteilen, die Schule, die ihm so zuwider ist, das Erwachsenwerden, die emotionale Abhängigkeit der Eltern, all das wird er durchleben müssen. Es erscheint ihm nicht ein Dürfen, sondern ein Müssen. Ihm graut davor! Er will gar nicht daran denken.

„Viele Lichtmeister werden durch diesen Vorgang geschleust, mein Junge. Planet Erde braucht die Lichtkraft, damit sie sich erneuern kann. Der zyklische Kreis der Neuwerdung des Planeten hat begonnen."

Merlin hat ihn in seinem Zweifel unterbrochen. Jetzt schauen auch Freyja und Merlin in die Box. Das Universum lächelt sie an. Zur gleichen Zeit heben sie ihre Köpfe und schauen sich an.

„Na dann, dieses ganze Sonnensystem wird sich erneuern. Da sind auch wir eingeschlossen. Was denkst du, Herrin Freyja?"

Merlin lächelt Freyja an. Sie ist voller Zuversicht.

„Dann lass es uns anpacken. Lass die Lebenskraft durch alles hindurchfließen, damit sich die Dinge erneuern können."

Sie beginnt in ihren herrlichen prächtigen Farben herumzuwirbeln, auf und ab, hin und her. Merlin schwenkt seinen Lichtstab und der Junge löst sich von der Schachtel und tanzt mit den Schmetterlingen. Die Vögel zwitschern eine befreiende Melodie.

Mitten in diese fröhliche Runde erscheint eine rote Meisterin. Sie bleibt einfach stehen und betrachtet das Tanzen. Vor allem betrachtet sie Freyja. Freyja spürt die durchdringende Kraft, bleibt stehen und stellt sich direkt auf Augenhöhe der roten Herrscherin gegenüber.

Rubinrot

Merlin zieht den Jungen weg, die Wächter folgen dicht neben ihm. Die Schmetterlinge schweben weiter, nur die Vögel hören wieder auf zu singen. Sie putzen ihre vielfarbigen Regenbogen-Federn, plustern sich auf und machen sich groß auf den Schultern des Jungen. So, als wollten sie vermitteln, dass das ihr Platz ist und sie sich nicht einschüchtern noch beherrschen lassen. Der Junge schaut ihnen zu, wie sie sich groß machen und sich dichter auf seinen Schultern versammeln. Er spürt zwar keine Gefahr, die durch die Besucherin auf sie zukommt, aber große Kraft und eisernen Willen. Und eine Endgültigkeit, die er noch nicht ganz richtig versteht.

Er schaut wieder auf die magische Holzschachtel und bedankt sich still bei Metatron, der ihm dieses Geschenk gemacht hat. Er wird die Erinnerungen immer wieder auffrischen müssen im Schattenland. Aber Freyas Zuversicht hat ihm bereits geholfen und Mut gemacht. Er weiß jetzt schon, dass er sie auf keinen Fall vergessen wird. Wenn er tanzt, will er sich ganz an sie erinnern. Er nimmt sich vor, im Menschenkleid so oft als möglich zu tanzen, der Erinnerung wegen. Am dringendsten wird er tanzen müssen, wenn es gerade nicht so rundläuft im Menschenkleid und er möglicherweise überhaupt keine Lust empfindet, zu tanzen!

Leise schließt er den Deckel der Schachtel, klopft ebenso leise darauf, ein Zeichen des Dankes, und übergibt sie Merlin zur Verwahrung.

Er schenkt jetzt seine Aufmerksamkeit den beiden Göttinnen Freyja und, wer ist überhaupt die rote Herrscherin? Er schaut fragend zu Merlin. Statt einer Antwort legt Merlin seinen Finger auf die Lippen und nickt ihm zu. Er wird es gleich erfahren. Die korallenrote Farbschwade gesellt sich zum Jungen und zu Merlin. Die Schwade steht zum ersten Mal auf und nimmt die Form eines menschenähnlichen Wesens an. Der Junge ist freudig überrascht und staunt. Die Form strahlt unglaubliche Wärme, Geborgenheit, Güte und Liebe aus.

Das liebevolle Korallenwesen, sein „fliegender" Teppich spricht: „Ich bin deine Kraft, die reine Kraft aus dem Regenbogen. Durch alle Farbdepartements bin ich gereist und vereine alle Kräfte in mir. Diese Kraft geht in Resonanz in dir, in deinem Geistseelengefüge. Du wirst mich, meine Charakteristiken, meine Frequenzen, meine Liebe zur Freiheit und Manifestation mitnehmen. Ich werde eine Aura Farbe sein in deinem Menschenkleid, so wie Amethyst, der dich auch begleiten wird. Du wirst stark, konzentriert und machtvoll deinen eigenen Weg wählen. Den wohl weniger gewählten Weg eines Menschen. Wir sind alle deine Gefährten auf deinem Weg. Ich bin deine Kraft und die direkte Verbindung zu deiner Lebenskraft, die in allem wohnt und die nie vergeht. Ich bin deine Leidenschaft. Ich bin dein Wille, Dinge zu schaffen, die oftmals wie unüberwindliche Berge erscheinen."

Der Junge hört aufmerksam hin und betrachtet die friedvolle Farbe, wie sie freundlich mit ihm spricht. Merlin steht völlig gelassen neben ihm und genießt diesen Austausch. Der Junge wird eindeutig ganz und gar vorbereitet auf seine Reise auf Erden.

„Merlin, bitte sag mir, werden alle Seelen so intensiv auf ihre Menschenreise vorbereitet? Ich habe so vieles erlebt und ihr habt mich immer wieder in die Einheit und die Lichtquelle eingeweiht. Wird es wirklich so schwierig werden im Schattenland?"

Merlin und die anderen schauen ihn an. Sie antworten nicht sogleich, und das allein ist Antwort genug. Er stellt nüchtern fest:

„Dann ist also der Vorhang, der die Welten trennt, immer noch sehr dicht. Und der Kampf der Mächte immer noch voll im Gange. Oh, herrjeh ...!"

„Nein, mein lieber Junge. Nur alte Seelen, die schon unendliche Zyklen durchlaufen haben, werden zurück in die Urquellen-Einheit eingeweiht. Du erlebst hier die Initiationsriten, die notwendig sind, um deine letzte Erdenreise abzuschließen. Deine Molekularstruktur wird bereits jetzt so angepasst, dass du schon in deinem Menschenkleid im Universum und in das Erdinnere reisen kannst. Durch dein äonenlanges Reisen hast du gelernt, die Schattenmacht und die Lichtkraft in Harmonie zu vereinen. Du beendest eine Ära in deinem Sein. Deine Persönlichkeit, dein Wesen, dein Selbst werden auf allen Ebenen, wirklich allen Ebenen, transformiert. Nur Menschen, die sich dämmerhaft ihrer lichten Herkunft erinnern, werden langsam aus ihrem Dornröschenschlaf erwachen und ähnliche Prozesse durchlaufen, die einen weniger intensiv und andere ähnlich transformativ, wie du es tust."

Freyja hat freundlich und ruhig geantwortet. Merlin spricht weiter:

„Im Menschenkleid können sich diese Initiationsriten sehr schmerzhaft für die Psyche anfühlen und eine Tortur für den Körper sein. Nicht alle beenden den Prozess auf Erden. Sie werden ihren Menschenkörper verlassen, um es später wieder zu versuchen. Die Seele sucht sich dafür eine passende Ebene aus, in der sie sich weiterentwickeln kann."

Der Junge hat aufmerksam hingehört. Er seufzt und atmet schwer. Das mit dem „Sterben" und sich auf einer anderen Ebene etablieren, das kennt er sehr wohl. Jedes Mal beim Wechsel, also beim Weiterreisen von einer Dimension zur nächsten, oder von einer Wirklichkeit zur anderen, hinterlässt man einen Körper, der zum jeweiligen Departement gehört. Je nachdem, wohin man dann reist, findet man sich in einem neuen Vehikel (Körper) wieder, das zur angemessenen Ebene passt. Schließlich muss er auch jetzt seine geliebte, friedvolle Herkunftsebene und seine geliebte Sternenfamilie verlassen, also beinahe ein „Sterben", um auf Gaia – Planet Erde – geboren zu werden und ein Menschenkleid anzuziehen. Das ewige Abschiednehmen, Loslassen und sich irgendwo, irgendwann auf einer neuen Ebene wiederfinden, das hat er bereits mit seiner Sternenfamilie erlebt. Sogar auf dieser Regenbogenreise, als er seinen Vater wiedersehen durfte im

Smaragd-Departement. Man fliegt mit seinen Seelen-Schmetterlingen von einer Dimension zur nächsten, von Bewusstsein zu Bewusstsein. Ein sich ewig wiederholender Zyklus der Weiterentwicklung, Erneuerung und der Transformation.

Zweifelnd und auch etwas traurig meint er zu seinen Helfern: „Merlin, Freyja, werde ich es schaffen? Meine Reise auf Erden zu ihrem Abschluss zu bringen?"

„Ach, mein Junge, komm' mit mir, ich zeige dir etwas, das dir helfen kann."

Freyja nimmt den Jungen bei den Schultern und führt ihn zu einem soliden Holzstamm, auf den er sich setzen kann.

„Schau mal, nimm ein wenig von meiner Farbe zwischen deine Hände und Forme eine Kugel. Versuche, meine Schwingungen in dieser Kugel zu spüren."

Der Junge tut, wie ihm geheißen, reibt die Hände aneinander, sie werden ganz warm. Mit den magnetisch elektrischen Energien formt er eine Sphäre und fühlt, was die Kugel ihm mitteilt. Nach einer Weile der Konzentration beginnt die Kugel, ihre Kraft zu entfalten. Ihr Magnetismus strömt in sein ganzes Wesen und füllt ihn mit Zuversicht, Mut und Fröhlichkeit.

Er lächelt und es beginnt eine telepathische Kommunikation mit der Sphäre. Die leuchtende Kraft der Sphäre lächelt zurück und sprüht sanfte Impulse aus, die immer mehr Kraft ausströmen. Sie wird größer, bis sie den Jungen ganz einhüllt. Nun ist sie so groß geworden, dass sie über den Jungen hinauswächst und er in der Mitte der Kugel Platz findet. Er ist wie ein Punkt in der Mitte der Ganzheit geworden. Die Kraft, die am Anfang auf ihn einströmte, strahlt er jetzt selber aus seinem eigenen Zentrum heraus. Er genießt diesen Moment des Eingebettet-Seins.

Die korallenfarbige Schwade, die gleichzeitig immer noch neben ihm steht, lacht hinein in die Sphäre. Das Programm ihres Farbspektrums ist außen wie innen im Jungen verankert worden. Innen ist außen und außen ist innen.

Während er in dieser Kraft verweilt, erlaubt Freyja ihm, ein Gefühl für die Menschenwelt zu bekommen. Er spürt, wie die Menschen unter einem Schleier des Dornröschenschlafes, einer Hypnose gleich, versiegelt gehalten werden. Er ist sehr betroffen, dass sich seit seinem letzten Besuch auf Erden so wenig verändert hat.

Koralle versucht, ihn schnell abzulenken. Sie spricht sanft auf ihn ein.

„Ich bin das Rot, welches sich in vielen anderen Farbstrahlen wiederfindet. Ich bin eine Primärfarbe, magst du dich erinnern? Du findest meine Kraft überall."

„Ja, ich weiß, der Regenbogen hat es mir erklärt und beim rosa Farbstrahl habe ich gemalt und dich und deine Kraft auch erlebt. Das war so fröhlich und so schön."

So ist also diese Macht ein Teil vieler anderer Strahlen gleichzeitig. Eine große Macht, die ihn nun doch etwas beängstigt. Das braucht wirklich Mut, sich dieser Macht zu bedienen und die eigene Realität der Freiheit im Menschenkleid zu manifestieren. Es ist die Macht, die schöpferische Intelligenz, die aus dem innersten Wesen strömt. Raus aus dem Opferdasein, raus aus alten Verstrickungen, raus aus alten programmierten Gedankenmustern, raus aus der persönlichen Sklaverei.

Gerade, als er dieses erkennt, wenden sich ihm Freyja und das rote rubinfarbige Wesen gleichzeitig zu.

Etwas verwirrt, tief in seiner korallenfarbigen Sphäre sitzend, schaut er die beiden an.

„Die Zeit der materiellen Manifestation, die Form deines Menschenseins ist gekommen, Junge."

Sie sprechen unisono, zur gleichen Zeit aus einem Geist. Diese Feststellung ist kein Befehl, es gilt als Tatsache. Merlin kommt auf die Sphäre zu und beginnt mit den beiden, Freyja und dem Rubinwesen, zu plaudern. Ja, richtig plaudern! Der Junge beobachtet die drei und hört ihnen zu.

Die Schmetterlinge gleiten beinahe geräuschlos durch die Sphäre hindurch, über sie hinaus und um sie herum. Die Vögel zwitschern gemütlich und spielen mit den zarten Schmetterlingen.

„Ich, Freyja, bitte euch, Koralle und Rubin, dass ihr dem Jungen alles zur Verfügung stellt, was er im Schattenland brauchen wird. Er wird lernen, dass er nicht um das Leben kämpfen muss, sondern dass Herzenswünsche erfüllt werden, solange er keine Angst hat vor seiner großen Macht, die in ihm schlummert. Ich persönlich stehe ihm bei, sein ganzes Universum mitsamt seiner Sternenfamilie in die Materie zu integrieren!"

„Der Junge soll alte Wunden – geistiger, feinstofflicher oder körperlicher Art – aus vergangenen Erinnerungen überwinden und sein enormes kosmisches Wissen endlich freisetzen. Deshalb macht er ja diese Reise über den Regenbogen erneut, um seine Monade zu verankern."

Alle drei Wesen haben nun gesprochen, so als wäre der Junge gar nicht anwesend. Der sitzt immer noch in der Korallenkugel und hört zu. Er vernimmt jedes Wort, aber nicht den genauen Sinn. Freyja setzt sich sehr für ihn ein. Offensichtlich hat sie ein wichtiges Wort beizutragen, um ihn zu unterstützen.

Merlin tritt jetzt auch noch dazu und bekräftigt das Gesagte: „Das intergalaktische Konzil wird mit ihm Kontakt aufnehmen. Er wird zwei Phasen erleben. Sobald er seine Menschenlektionen absolviert hat, wird er durch einen Sterbeprozess geschleust, ohne seinen Körper zu verlassen. Sein neuer Zyklus, immer noch im Menschenkleid, kann dann beginnen. Er wird seine alten geistigen und galaktischen Aspekte aktivieren, ohne dass er erneut inkarnieren muss. Das alte Gefährt (Körper) kann diesen Frequenzwechsel aufnehmen und sich darauf einstellen. Eine wahrhaft schwierige Zeit, in der wir ihm alle zur Verfügung stehen, da die Monade sich aus der alten Spirale löst und auf einer höheren Oktave neu etabliert. Dann wird er selber seinen neuen Zyklus, seine neue Ära, beginnen, wie es ihm versprochen wurde. Eine Zeit, in der er seinen Körper und das Schattenland am liebsten verlassen würde, aber nicht kann. Das Königreich seiner Seele will sich in seinem Erdendasein, in seiner Materie, ausdrücken und sichtbar werden. Die Mysterien werden neu erwachen. Das alte ausgediente Wesen des Jungen wird seinen Körper verlassen, während sich gleichzeitig die neue Monade in demselben Körper inkarniert. Ein Austausch in der gleichen Hülle sozusagen, vom niederen Selbst in die Einigung mit dem höheren Selbst und deshalb in ein ganz neues Wirkungsfeld. Ein enormes

Experiment des Jungen, das er dieses Mal schaffen wird. Er hat es vermehrt versucht, in anderen Leben und anderen Universen, ist aber daran gescheitert! Die viel zu hohen Frequenzen haben seinen Körper immer wieder ausgebrannt. Wir, der Lebensbaum und seine Ahnen, werden in diesem mächtigen Prozess des Sterbens und Wiederauferstehens dabei sein und ihm zur Seite stehen.

Während dieser kurzen, linearen Jahre werden gleichzeitig auch für das planetarische System Erde heftige Unruhen und Turbulenzen stattfinden! Alles erneuert sich!"

Rubin antwortet:
„Die dunklen Mächte werden ihre Krallen ausfahren, um sich herumstreunende Seelen zu holen und erneut gefangen zu nehmen. Der Junge mit seiner Monade ist mutig, wir begleiten ihn in voller Ganzheit auf dieser Strecke des Weges."

Freyja beginnt zu glühen. Ihr Kleid hat sich verändert und beginnt in gold-orange diamantenem Licht zu strahlen. Sofort erscheinen alle herumfliegenden Schmetterlinge, schweben ihr entgegen und setzen sich auf ihr Kleid. Freyja zeigt sich in ihrer wahren Größe. Das Kleid umhüllt die Sphäre, in der der Junge sitzt. Sie streckt ihm die Arme entgegen. Der kleine Punkt, der er zu sein scheint in der großen Korallenkugel, steht auf und tritt Freyja entgegen. Sie strömt die Kraft und Macht einer großen Herrin aus. Ihr zauberhaftes, strahlendes Kleid hüllt ihn ein wie in eine übergroße Umarmung.

„Mein Junge, sei gesegnet. Deine Transformation vom Regenbogenkleid in dein Menschenkleid hat begonnen. Auch wenn du Krankheiten, Schmerzen und Ängste erfahren wirst im Menschenkleid, vergiss mich nie. Ich bin das lebendige Leben. Ich wohne in dir! Ich begleite dich auf allen deinen Wegen.

Ich bin deine kosmische Urmutter, du brauchst nur zu rufen. Von nun an wirst du dich auf dem Spielplatz der Polarität herumtollen. Du erinnerst dich aber, dass in der Urmutter die Dinge noch nicht gekreuzt, manipuliert oder genetisch verändert wurden. Sämtliche Informationsstränge sind noch intakt. Sie wurden erst in der Polarität verdreht!"

Sie schaut ihm tief in die Augen, durch die Augen hindurch, so als wollte sie seine Erinnerung an die Vollkommenheit unauslöschlich verankern. Er lässt sich durchdringen von ihrem wissenden Blick. Es erscheint ihm wie ein Download aus ihrem sinnlichen Reich.

„Mein Junge, die Menschen, die noch in der alten Kontrollstruktur verharren, werden dich nicht verstehen. Lebe es ihnen vor, versuche nicht, Opfer zu spielen, um sie retten zu wollen. Auch du hast ein Anrecht auf ein erfülltes Leben! Das wirst du alles lernen, während du im Menschenkleid wohnst und deinen Plan erfüllst, den du dir vorgenommen hast.

Die Menschen müssen lernen, ihr Seelen-Bewusstsein zu entwickeln. Die gewaltigen gegenwärtigen Wandlungen auf Erden sind für niemanden mehr zu übersehen. Das kollektive Unbewusste ist tief mit dem Lebensbaum verbunden. Diese Kräfte müssen im ganzheitlichen Verständnis akzeptiert werden. Ansonsten erlebt die Menschenspezies keine Evolution mehr auf dieser Stufe. Alles Sein sucht nach seinem Ursprung und seiner Zugehörigkeit!"

Freyja schaut ihn mit verstehenden und fürsorglichen Augen an.

Dem Jungen surren die Ohren. Das sind schon heftige Informationen. Er weiß nicht so recht, ob er jetzt lächeln oder traurig sein soll. Beides dünkt ihm gerade recht. Er mag auch keine Fragen mehr stellen. Die Information bleibt im Quantenfeld hängen, um später als Erinnerung abgerufen zu werden.

Er umarmt Freya innig, lässt sich durchströmen von ihrer Freude und der Lust zum lebendigen Leben. Er atmet tief durch und inhaliert ihren herrlichen Duft. Ein bisschen von ihrem Glanz und ihrer Lebenslust bleiben in seiner Aura hängen. Er wird diese Lebenslust bestimmt bald benötigen!

Auch Rubin erscheint beim Jungen, um ihn auf seinem letzten Abschnitt im Regenbogenkleid weiterzuführen. Aber zuerst schauen alle zu, wie sich die korallenfarbige Sphäre auflöst und sich geschmeidig um seine Beine schmiegt. Es ist eine Wohltat, ihre geschmeidige Kraft zu fühlen. Sie verwurzelt die Information im Energiefeld des Jungen. Er macht ein paar fröhliche Hüpfer, um mit ihr zu spielen. Dann erklärt sie ihm ihr Geschenk:

„Ich habe dir alle Kraft geschenkt, die du brauchst, um deine Aufgaben im Schattenland zu erfüllen. Ich komme mit dir und begleite dich auf Erden. Hier verankern wir uns zusammen, du und mein Farbstrahl und das Wissen aus der Zentralsonne. Sobald du dein Menschenkleid überstreifen wirst, hast du möglicherweise vergessen, was ich dir jetzt gesagt habe. Es werden Situationen und Möglichkeiten an dich herangetragen, in denen du dich unserer wieder erinnern wirst. Dein Amethyst-Strahl und mein Korallen-Strahl werden dich präsent halten!"

Der Korallen-Strahl lächelt den Jungen wissend an, wie auch Freyja weiß Koralle, was der Junge zu bewältigen hat. Nur das WIE, das muss er alleine entscheiden. Der Korallen-Strahl bleibt um ihn hängen und verwandelt sich immer mehr in eine sanfte Würfel-Form. Die Koralle strahlt stoische Ruhe aus. Langsam und kontinuierlich beginnen sich seine Sinne zu fokussieren.

Der Junge fragt Merlin, ob er sich noch einen Moment hinsetzen darf, bevor er endgültig Abschied nehmen muss. Sofort schiebt Koralle ihren Würfel unter den Jungen, damit er sich darauf ausruhen kann.

Nur Rubin bleibt ganz nahe bei ihm. Die anderen haben sich zurückgezogen, um ihm Raum zu geben. Die Vögel sitzen um ihn herum und beginnen ein seltsames, ihm unbekanntes Lied zu singen. Es ist wunderschön, aber leicht melancholisch und nicht so leicht wie bei Freyja in ihren herrlichen Gefilden. Er schaut nochmals zu ihr hinüber und sieht die Schmetterlinge, die sich an ihr Kleid geheftet haben wie an einen Nektar. Sie sehen aus wie das allerschönste Muster, eingewoben im fließenden endlos langen glänzenden Kleid.

Er sitzt vertieft ganz in sich versunken. Alles um ihn herum wird enger, zieht sich zusammen und jeglicher Ton scheint verschluckt zu werden. Er erinnert sich vage an die Transformation der Schlange im Smaragd-Departement, als ihr Häutungsprozess begann. So ähnlich muss es sich für sie angefühlt haben.

Etwas ängstlich schaut er zu Merlin. Seine Wächter scheinen auch nicht so nahe wie üblich. Sein Herz klopft. Die Traurigkeit, die er zu Beginn seiner Regenbogenreise gespürt hat, ist akut präsent. Merlin kommt zu ihm und hält ihm sein Lichtschwert entgegen. Er segnet den Jungen, hält das Schwert an sein drittes Auge und der Junge beruhigt sich etwas.

Er flüstert leise, sodass es nur Merlin hören kann: „Ich habe Angst, Merlin."

Merlin drückt den Jungen an sich, um ihm Sicherheit zu schenken.

„Ja, das verstehen wir alle. Vertraust du uns? Vertraust du dir? Es gibt nur eine einzige Wahrheit – es ist die Kraft der übergeordneten Liebe. Alles andere sind Erfahrungen, die deine Seele macht. Aber die Liebe, unsere Liebe zu dir, wird dich wachhalten und auf deinen Wegen tragen."

Der Junge ist dankbar für Merlins Anteilnahme.

„Nur noch eine Kleinigkeit von wegen Erinnerung, mein Junge. Merke dir, dass sich das Licht in deiner Speicherplatte befindet. Es ist die kristalline Struktur in deinen Zellen. Dort wirst du alles wiederfinden, was du bis anhin erfahren hast! Es ist jederzeit abrufbar. Vergiss das nicht! Die große Chronik, die kosmische Bibliothek der Erinnerungen ist das Licht! Zapf es an! Gib nie auf, mein Junge!"

Er drückt seinen Jungen und winkt den Wächtern, Stellung zu nehmen. Sofort sind sie an den jeweils üblichen Seiten des Jungen. Er bedankt sich nochmals bei allen für ihre Geduld und die Unterstützung.

Nun schreitet der Rubin-Meister auf den Jungen zu und hilft ihm, aufzustehen. Große Ruhe und Kraft durchströmen den Jungen.

„Heute zeige ich dir mein Departement. Unseren Strahl hast du durch viele menschliche Inkarnationen nicht benutzt. Du wirst staunen, wie sehr es dir bei uns gefallen wird. Auch wenn du anfangs Angst verspürst, vertraue. Du hast dir einen großen Plan ausgesucht, den du ausführen möchtest."

Der Junge schaut den freundlichen ruhigen Meister an. Irgendwie erinnert ihn dieser Meister an den gold-gelben weisen Mentor bei den Schreiberlingen. Möglicherweise haben diese Meister ähnliche Attribute? Er denkt es still vor sich hin.

Aber wie immer, nichts bleibt hier verborgen. Der Rubin-Meister hat seine Gedanken gehört.

„Du und deine Monade verhelfen, die Sichtweise und Erfahrungen der Menschen in ein neues Paradigma einzuschwingen. Das höhere mentale Bewusstsein der alten Seelen unterstützt den Prozess für eine neue Wirklichkeit auf Erden. Deshalb wirst du in der Kristallstadt im Erdzentrum aufgenommen werden, um dich mit deiner Monade zu treffen. Von dort aus werdet ihr gemeinsam die neuen Schwingungsstrahlen vernetzen und in meinem Rubinreich verankern. Ich, Rubin, bin dein Königreich, in welchem du dich, selbst im einengenden Menschenkleid, entfalten wirst. Dann hast du deine Grenzen, die noch im Mentalbereich verkrustet sind, überwunden."

Der Junge hört einfach zu, was der Meister erzählt. Er ist konzentriert auf den vor ihm liegenden Prozess und mag jetzt keine Fragen mehr stellen, die nützen nämlich auch nicht mehr viel. Durch die Erfahrungen wird er seine Antworten schon bekommen. Da ist er sich sicher! Leichte Aversion kommt auf, er schüttelt sich kurz und beinahe unbemerkt.

Rubin und die anderen haben es gesehen, aber niemand reagiert darauf.

Der Rubin-Meister führt den Jungen zu einer gewundenen Treppe, die an eine Spirale erinnert. Sie ist sehr einfach, ohne ablenkende Muster. Dafür strahlt sie großes Licht aus. Ein sanfter Klang ertönt, auf jeder Treppenstufe ein anderer Klang. Eine harmonische Melodie, die sich wie eine Geschichte anhört. Die Klänge erzählen die kommende Geschichte des Jungen, der hier sein Regenbogenkleid ablegen wird.

Während sie nebeneinander hergehen, erklärt ihm Rubin weiter:

„Mein rubinfarbiger kosmischer Strahl ist im Kristallbewusstsein des Edelsteins Rubin gespeichert. Diese Kristallinformation wird sich mit dir verbinden und dich in dein Reich führen. So wie Amethyst und Koralle sind auch wir deine Portale auf Erden.

Die Natur ist die stille Gegenwart, in der du dich immer orientieren kannst. Ihr Wissen ist in ihrer Grundstruktur noch nicht verfälscht oder manipuliert worden. Sie wird sich ihrer Macht bedienen, um altes Wissen und deren Zusammenhänge erneut in das Bewusstsein der Menschen zu bringen. Mutter Erde – Gaia – wird lauter werden und viele Geheimnisse preisgeben. Die Elemente, wie die Blume des Lebens sie dir erklärt hat, bleiben, um den Menschen Wegweiser zu sein. Denn auch im Menschen wirken die Elemente und bleiben dort verankert! Die Natur braucht sich nicht zu rächen, sie wird sich aber korrigieren. Und du weißt jetzt, hast es oft auf deiner Reise erlebt, dass Altes erst zerbrechen muss, um sich in Neues zu verwandeln!

Nun, mein Junge, wir dienen dir, um deinen materiellen Körper im Menschenkleid auszudehnen.

In dieser Ausdehnung berührst und arbeitest du mit den feinstofflichen Ebenen, unsichtbar für die Menschen. Durch die Krone verbindest du dich mit deiner galaktischen Monade. Durch die Wurzel wirst du dich mit dem Erdinneren verbinden. Wir sind bereits im Erdinneren etabliert. Seit Äonen verfolgen und steuern wir die Geschichte des Universums. Der Planet Erde ist unser Sorgenkind. Der Krieg der Mächte hat sich viel zu weit ausgedehnt. Das Wissen der großen Meister ist vergessen gegangen. Die Natur ist der Schlüssel zum eigenen Wissen, das tief in jeder Seele schlummert. Die Biologie des Menschen steht in Resonanz und teilt die gleichen Gene wie die Erde! Jede Seele ist jederzeit durch alle Kanäle des Lichtes verbunden. Leider ist auch dieses Wissen in Vergessenheit geraten. Es ist wahrhaft Zeit, die verkalkten und zugemauerten Portale wieder zu öffnen!

Das Universum ist ein geistiges Universum! Das wussten schon die Urvölker und mussten dafür sterben. Aber die Ahnen kommen zurück, mit uns!

Nun, bist du bereit, mein Junge, in die Materie integriert zu werden? Dein Körper wird als Gefäß dienen, um sich mit allen Ebenen wissentlich zu verbinden."

Der Junge hat genau hingehört. Innerlich verneint er die Frage, ob er bereit sei, in die Materie geschleust zu werden.

Aber Rubin, obgleich er seine Gedanken gehört hat, reagiert nicht darauf.

Er beobachtet die Treppe. Merlin ist in der Nähe und zum Abschied kommt das korallenfarbige Wesen nochmals auf ihn zu und schenkt ihm einen ganz besonderen Schmetterling als Abschiedsgeschenk.

„Mein Geschenk wird dich immer an deine Kraft und Schönheit, Sanftheit und Freundlichkeit erinnern. Du selbst bist ein zartes, aber feistes Wesen und wirst alle unsere Unterstützung brauchen." Das korallenfarbige Wesen ist einiges größer in Statur als der Junge. Es umarmt den Jungen und bettet ihn ganz in die wunderschöne leuchtende Kraft ein. Als absoluten Abschluss bekommt er einen traumhaft schimmernden, glänzenden Umhang geschenkt. Genau dieselbe Farbe wie das korallenfarbige Wesen aufweist. Er kuschelt sich komplett darin ein, versucht, jede Nische des Umhangs auszufüllen, sodass er ihn überall spürt. Der Umhang schmiegt sich perfekt an, es fühlt sich beinahe wie eine Umarmung an. Der Junge lächelt dankbar, hält die Hand des korallenfarbigen Wesens und nimmt den Schmetterling entgegen, den das Wesen für ihn gehalten hat, während er sich mit dem Umhang vertraut machte.

Leise flüstert der Schmetterling dem Jungen ins Herz.

„Ich bin dein Hüter von einer Welt zur anderen. Ich begleite dich durch alle schwierigen Schlüsselstellen in deinem Menschenleben. Mein Schmetterlingswesen ist ein Meister der Transformation! Du und ich, wir schweben zusammen durch diesen Strom der Gezeiten. Erst nach vielen symbolischen Toden wirst du die schönste Reise deines Erdenlebens antreten. Zusammen werden wir uns in voller Pracht entfalten, bevor wir, ebenfalls zusammen, als gewandelte und erfüllte Wesen zurück durch das Tor der geistigen Hierarchien schlüpfen."

Der Schmetterling schaut seinem Jungen liebevoll, aber ernst in die Augen. In diesem Moment beginnt eine tiefe Symbiose, die ein Menschenleben und darüber hinaus halten wird. Der Junge fühlt sich aufgehoben, er beginnt zu vertrauen und die Angst, die er gespürt hat, verliert sich momentan. Dass er einen Schmetterling mitnehmen darf, ist ein großes Geschenk. Es ist ein Begleiter aus der Anderswelt, der seine Seite, egal, wo er gerade ist, nicht verlassen wird. Und es wird ihn immer an die kraftvolle Göttin Freyja erinnern.

Merlin nimmt nun seinen Lichtstab, führt einige symbolische Bewegung aus, die ihn ganz mit dem Umhang und dem magischen Licht verbinden.

Die Vögel zwitschern ein letztes Mal seine Seelenmelodie und dann wird alles sehr ruhig.

Der Rubin-Meister steht groß und stark neben ihm, führt ihn an ein gigantisches Tor. Es ist eine Mischung aus Stahl und Holz, dazu Materialien, die es auf Erden nicht gibt. Das Tor ist wunderschön bearbeitet, es sieht aus wie Schmiedearbeit mit vielen Zeichen, die seine persönliche Geschichte eingraviert haben. Er berührt das Tor, berührt die Zeichen und streicht liebevoll über die Intarsien, die eine geheimnisvolle Schwingung in ihm auslösen.

Der Schmetterling schwebt jetzt auf die Schulter des Jungen und flattert ganz leicht mit den Flügeln, wie ein sanfter Windhauch, der über ihn hingleitet. Der Junge beginnt mit dem Schmetterling zu sprechen. Leise nur, aber eine Beziehung beginnt sich zu formen.

Der Rubin-Meister betrachtet den Jungen, wie er akribisch auf alles eingeht, was er sieht. Der Junge schaut nicht nur mit seinen Augen, er nimmt alles durch seine geöffneten Sinne wahr.

Er wendet die Lehre von Freyja bereits an. Nicht nur durch den Kopf, sondern insbesondere durch seine Sinne, Dinge wahrzunehmen.

Der Meister öffnet das große Tor ganz langsam. Die Türe ist schwer und ein sehr schwaches Quietschen ist hörbar. Der Junge schaut den Meister an, das Quietschen gefällt ihm nicht. Es schmerzt im Nervenkleid. Der Gesang der Vögel begleitet ihn durch das Tor, das er nun sehr langsam durchschreitet. Er will nicht eilen.

Er spürt, wie seine Lichtkräfte ihn umhüllen, aber gleichzeitig ein dunkler Schatten auf ihn zukommt.

Rubin öffnet das Tor weiter, gerade als der Junge weiterschreiten möchte, spürt er Feuchtigkeit an seinen Zehen. Erstaunt blickt er auf den Boden. Wasser umspült seine Zehen, es ist seicht, ganz und gar nicht tief. Aber ein Element, das der Junge seit langer

Zeit nicht mehr gespürt hat. Wasser auf der Regenbogenbrücke ist nicht nass.

Er spielt mit seinen Zehen, tritt langsam mit seinem ganzen Fuß in das lauwarme Nass. Er schaut zurück zu Rubin und lächelt. Aber gleichzeitig spürt er, wie sein Herz klopft. Die Melodie der Vögel ist nur noch leicht zu hören.

Freyja schaut ihm nach. Auch Merlin, der immer noch beim großen Tor steht und seinen Lichtstab auf den Boden gerichtet hält. Das korallenfarbige Wesen leuchtet stark, um ihm Kraft zu schenken.

Der Junge dreht sich wieder um, spricht mit seinem Schmetterling, der in allen Regenbogenfarben leuchtet. Er geht tiefer in das Wasser, bis es an seine Knöchel reicht. Er bleibt eine Weile nachdenklich stehen. Es drängt ihn sehr stark, wieder umzudrehen und zurück durch das große Tor zu schreiten. Aber seine Wächter, die jetzt ihre Farben verloren haben und nur noch in diversen Grautönen neben ihm stehen, versperren ihm den Weg. Rubin leuchtet und schenkt ihm Mut, weiter vorwärtszugehen.

Ein innerer Kampf beginnt im Wesen des Jungen. Je weiter er schreitet, je dunkler wird es in der Höhle. Er kann das Tropfen des Wassers hören. Er hört, wie Rubin das große Tor von innen verschließt. Er kommt auf den Jungen zu.

Beinahe unbemerkt, wie feuchter Morgentau, füllt der Nebel des Vergessens den Raum und wird immer dichter. Der Nebel des Schattenlandes schleicht sich jetzt um den Jungen herum und ergreift ihn. Panik macht sich bemerkbar. Nein, nein, ohne das Licht, ohne seine Sternenfamilie schafft er es nicht!

„Rubin, ich will nicht, ich kann nicht! Wie soll ich ohne Farben, ohne das Licht, im Schattenland überleben? Ich bin nicht gemacht für die Menschenspezies. Bitte, nimm mich wieder mit. Ich muss dringend weg aus dieser dunklen Höhle!"

Er schaut Rubin mit großen Augen an, er weiß sehr wohl, dass er jetzt den Werdegang nicht unterbrechen kann. Er beginnt zu zittern, spricht wie verrückt mit seinem Schmetterling, der ihm leise seine Seelenmusik summt und ihn mit seinem zarten Flügel über das Gesicht streichelt. Heimlich schnippt er mit seinen Fingern, um Andrach einen letzten Gruß zu senden, bevor er in der großen Suppe des Vergessens untergeht.

Rubin antwortet nicht. Er wartet, da er das Fingerschnippen gesehen hat. Dann nimmt er die Hand des Jungen und begleitet ihn in seiner Verzweiflung.

Von weit, weither flüstert die Erinnerung des Smaragdwaldes: „Junge, vergiss den Baumstamm nicht, oder eher, den Stammbaum! Der Ort deiner Herkunft, dein Original, deine Quelle aus der Ur-Sonne, deine Ahnen! Dieses Wissen, das Superbewusstsein, sie alle sind dein Erbe …!"

Der Junge hält kurz inne, um die liebevolle starke Stimme der Erinnerung, das Rascheln der Blätter des Baumes zu vernehmen, dann schreitet er tapfer tiefer in die Höhle. Der Nebel des Vergessens wird noch dichter und schleicht sich um seinen Körper und vernebelt ihn. Seine Sinne schwinden und es wird immer dunkler um ihn her. Geräusche und Eindrücke verschwinden und werden vom Vakuum verschluckt. Sein Herz wird schwer. Das Wasser hat ihn jetzt sanft aufgenommen und er treibt schwerelos im leeren Nichts.

Es verdunkelt sich endgültig alles um ihn herum, es wird auch dunkel in ihm drinnen. Er atmet nicht mehr. Gerade bevor der Schleier des Vergessens sich ganz über ihn legt und ihn das Schattenland begrüßt, flüstert ihm sein treuer Schmetterling etwas zu:

„In deinem Menschenkleid werden sie dich Tashi nennen. Tashi ist dein Gefährt, also dein Körper, während du auf Erden weilst. Und übrigens, auch deine Wächter werden einen Namen bekommen. Dein Wächter zur linken Seite wird Nga sein, dein lichtvoller Krieger zur rechten Seite wird Waka genannt."

Die zarte Stimme seines Schmetterlings, die er nur noch aus weiter, unendlich weiter Ferne wahrnimmt. Dann hört er noch die letzten Worte, bevor es total dunkel wird:

„Deine Wächter und ich werden immer bei dir sein!"

Das Regenbogenkleid ist aufgelöst. Der Rubinmeister legt ihm sanft und langsam sein Menschenkleid an. Als das Menschenkleid richtig sitzt, wird der korallenrote Umhang darübergelegt.

Es werden bald weitere Farben folgen, die er, je nach Menschenjahren und Aufgaben, anziehen wird. Die Farben werden ihm den Weg weisen und auf seine Erfahrungen, die er dann gerade machen möchte, aufmerksam machen.

Der Rubin-Meister vollbringt eine letzte Zeremonie, von der der Junge nichts mehr mitbekommt. Er ist endgültig im Schattenland abgetaucht. Ein königliches rubinfarbiges Leuchten umhüllt den schlafenden Jungen und schenkt ihm Frieden für seine Weiterreise.

Nach der Zeremonie wendet sich der Meister zum Gehen, zurück zum Ausgang, um sich mit Merlin und den anderen zu treffen. Leise schließt der Rubin-Meister das Tor, das zurück zum Regenbogen führt, heraus aus dem Schleier des Vergessens, heraus aus der lichtlosen Höhle. Das Quietschen beim Schließen des Tores hört der Junge nicht mehr.

Der Junge, der Tashi heißen soll, wird bald auf der Erde ankommen. Zu seinem eigenen Erstaunen wird er sich an viele Dinge erinnern können, die er von der Regenbogenreise mitgenommen hat.

Das Erden-Reich wartet auf Tashi. Wo auch immer er hingehen wird, wird er einigen Wirbel auslösen, weil er beschlossen hat, im Schattenland sein kosmisches Lichterbe zu entfalten und seine Ahnenkraft und die Magie der schöpferischen Schönheit zu leben.

Gaia, Mutter Erde, schmunzelt, sein Temperament wird ihm den Weg schon weisen! Sie freut sich, Tashi in ihrem Schoß aufzunehmen und ihn durch sein irdisches Leben zu begleiten. Gaias Herzschlag wird sich mit Tashis Herzschlag vereinen. Er wird die allgemeingültige Einheit auch in dieser Dimension erfahren, fühlen und erleben lernen!

Mutter Erde wird ihm persönlich das letzte Siegel öffnen.

Dann wird Tashi den letzten Schatten seiner Illusion überwunden haben!

Veni, vidi, desperavi et tamen vici

Die Autorin

Arobed Assiah wurde in der Schweiz geboren. Viele Jahre arbeitete sie im eigenen Familienbetrieb. In den Neunzigerjahren fiel es ihr zusehends schwerer, als alleinerziehende Mutter in der Schweiz zu leben. Deshalb entschied sie sich, mit ihrem kleinen Sohn nach Neuseeland auszuwandern. Eine radikale Entscheidung, da beide weder Englisch sprachen noch sonst etwas über das Land wussten.

Das Land hat sich ihr wieder zurückgeschenkt, es hat die Autorin die Kunst des Lebens gelehrt. Sehr schnell haben sich schlummernde Talente offenbart. Sie startete einen künstlerischen und metaphysischen Neuanfang.

Mittlerweile ist ihr Sohn längst außer Haus und lebt mit seiner eigenen Familie und den geliebten Großkindern in Australien. Als stolze „Grandma" ist sie auch flügge geworden und teilt ihr Leben zwischen der Schweiz und ihrer Wahlheimat Neuseeland. Dies erlaubt ihr, sich mit Liebe und Leidenschaft dem Schreiben und dem Malen zu widmen.

novum VERLAG FÜR NEUAUTOREN

Der Verlag

„ *Wer aufhört
besser zu werden,
hat aufgehört
gut zu sein!*

Basierend auf diesem Motto ist es dem novum Verlag ein Anliegen neue Manuskripte aufzuspüren, zu veröffentlichen und deren Autoren langfristig zu fördern. Mittlerweile gilt der 1997 gegründete und mehrfach prämierte Verlag als Spezialist für Neuautoren in Deutschland, Österreich und der Schweiz.

Für jedes neue Manuskript wird innerhalb weniger Wochen eine kostenfreie, unverbindliche Lektorats-Prüfung erstellt.

Weitere Informationen zum Verlag und seinen Büchern finden Sie im Internet unter:

www.novumverlag.com

Arobed Assiah

Tashi
Rosenquarz und versteinertes Holz

ISBN 978-3-99064-719-6
62 Seiten

Eine fantastische Geschichte um einen sensiblen Jungen, dem sich aus anderen Sphären Erkenntnisse erschließen, die ihm die Kraft vermitteln, in seinem menschlichen Dasein positiv zu fühlen.